供电服务典型案例集

国网河南省电力公司 组编

内 容 提 要

本书精选了近年客户投诉较多的80个典型案例，包括用电变更、抄表催费、业务收费、业扩报装、服务行为、服务渠道、频繁停电、电网建设等热点问题，深入分析了客户需求未达到满足的原因，违反了哪些供电服务条款，人员及管理暴露的问题，规避投诉风险的具体服务策略。

本书适合从事供电服务的电力员工阅读，希望读者能从中吸取经验教训，提高服务意识，提升服务技能，减少类似投诉事件的发生。

图书在版编目（CIP）数据

供电服务典型案例集/国网河南省电力公司组编 . —北京：中国电力出版社，2019. 2

ISBN 978 - 7 - 5198 - 2907 - 0

Ⅰ. ①供…　Ⅱ. ①李…　Ⅲ. ①供电—工业企业 - 商业服务 - 案例 - 汇编 - 中国　Ⅳ. ①F426. 61

中国版本图书馆 CIP 数据核字（2019）第 007848 号

出版发行：中国电力出版社
地　　址：北京市东城区北京站西街19号（邮政编码100005）
网　　址：http：//www. cepp. sgcc. com. cn
责任编辑：丁　钊（010 - 63412393）
责任校对：黄　蓓　王海南
装帧设计：赵姗姗
责任印制：杨晓东

印　　刷：北京雁林吉兆印刷有限公司
版　　次：2019年2月第一版
印　　次：2019年2月北京第一次印刷
开　　本：850毫米×1168毫米　32开本
印　　张：6. 25
字　　数：115千字
印　　数：0001—5000册
定　　价：38. 00元

本书编委会

主　任：陈红军
副主任：杨　进
委　员：刘广袤　韦　雅　武宏波
　　　　秦　楠　杨建龙　闫爱国
　　　　张　凌　文耀宽

编审人员名单

主　编：颜中原　孙甜甜　张　巍
　　　　李翼铭　王安军
编　写：王晓磊　陈慧娜　李　品
　　　　师　杨　金永丽　徐　岚
　　　　王　莹　王　峻　赵卫华
　　　　李　伟　管庆芳　岳寒冰
　　　　张培毅　戚家伟　肖　珂
　　　　王佳音　张东东　朱嘉宁
　　　　龚建原　王　停　马跃华
　　　　许　静

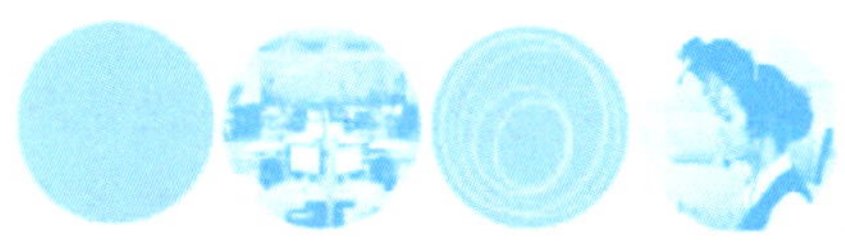

前言
Preface

近年来，国网河南省电力公司坚持以客户为中心的服务理念，深入践行“人民电业为人民”的企业宗旨，大力推进国家电网有限公司“让人民生活更美好八大服务工程”，通过推广蓄热储能保障电采暖技术应用，落实煤改电停电不停暖保障措施，畅通光伏扶贫接网绿色通道，服务于蓝天保卫战；通过推进新一轮农网改造升级，服务于乡村振兴；加大供电所基础设施改造力度，实现每个镇都有营业厅、每个村都有服务点；加快公共充电桩建设，保障电动汽车“出行无忧”。致力于提供可靠、便捷、智慧温馨服务，不断提高服务响应速度，全面提升电力客户的获得感和幸福感。

公司在加快各级电网建设、畅通服务“最后一公里”、助力脱贫攻坚等方面成效显著，但个别供电所或员工以客户为中心的理念尚未真正落地，服务质量距离人民群众对美好生活的新期待还有差距，影响了供电服务水平的提升，损害了企业形象。

为让国网河南省电力公司广大干部员工吸取发生在我们身边的供电服务事件教训，抓重点、补短板，提供优质高效的供电服务，国网河南省电力公司针对客户投诉较多的频繁停电、服务行为、抄表催费和业务收费等热点问题，精选了80个典型案例，深入分析客户需求未达到满足的原因，违反了哪些供电服务条款，人员及管理暴露的问题，规避投诉风险具体服务策略。希望广大电力员工能够从这些案例解析中受到教育启示，吸取经验教训，提高服务意识，提升服务技能，持续改善服务质量，防止类似投诉事件再次发生，展现国家电网有限公司良好的服务形象。

编 者

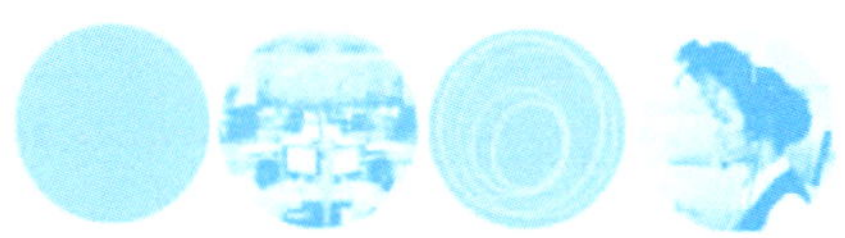

目 录
Contents

前　言

第一章　营业类投诉…………………………………………………… 1

第一节　用电变更 …………………………………………………… 2

案例 1　私自改类惹不满，调查做假被投诉 …………… 2

案例 2　擅自销户不规范，承诺处理未兑现 …………… 4

案例 3　交费方式擅自改，电费交错惹投诉 …………… 6

案例 4　户名更改未告知，客户不满遭投诉 …………… 8

案例 5　信息修改太随意，错发短信引投诉 ………… 10

案例 6　重复接收错短信，意见升级惹投诉 ………… 12

第二节　抄表催费……………………………………………… 14

案例 7　估抄电量太随意，客户不满遭投诉 ………… 14

案例 8　抄表工作太随意，电费突增遭投诉 ………… 17

案例 9　催费态度太恶劣，惹怒客户遭投诉 ………… 20

案例 10　估抄电量不严谨，服务意识需提升 ………… 22

案例 11　疏忽大意抄错表，异常电量需复核 ………… 25

案例 12　长期漏抄未复核，电费突增遭投诉 ………… 27

案例 13　工作失误未发现，长期漏抄引投诉 ………… 29

案例 14　长期漏抄未发现，客户不满遭投诉 ………… 32

案例 15　估抄错抄遭投诉，现场补抄应及时 ………… 34

第三节 业务收费 …… 36
案例 16 临时用电乱收费，违规行为必查处 …… 36
案例 17 违规收费问题大，引发投诉教训深 …… 38
案例 18 接受委托干私活，收费违规受处罚 …… 41
案例 19 临时用电乱收费，加强监管防投诉 …… 43
案例 20 更换电表问题多，违规行为必查处 …… 45
案例 21 换表流程不规范，重复收费太混乱 …… 48
案例 22 户表轮换问题多，搭车收费谋私利 …… 51
案例 23 利用工作谋私利，违规收费不应当 …… 53
案例 24 擅改户名线接错，情节严重惹投诉 …… 55
案例 25 擅自换表未通知，电费突增遭投诉 …… 57
案例 26 换表搭车乱收费，行为违规惹投诉 …… 60
案例 27 表计接错未发现，客户不满被投诉 …… 63
第五节 业扩报装 …… 65
案例 28 私自装表乱收费，适得其反难如愿 …… 65
案例 29 新装用电乱收费，处罚待岗零容忍 …… 67
案例 30 新装用电乱收费，情节严重遭投诉 …… 69
案例 31 工作交接有遗漏，装表接电超时限 …… 72
案例 32 互相推诿引投诉，首问负责最重要 …… 74
案例 33 业扩报装装错表，加强监管更重要 …… 77
案例 34 新装客户买材料，违规拖延不应当 …… 79
案例 35 装表长期未立户，电量异常惹投诉 …… 81
案例 36 装表拖延乱收费，情节严重遭投诉 …… 83
案例 37 新装业务乱收费，利用工作谋私利 …… 86

案例 38　业扩报装超时限，推诿总慢不应当 ………… 88
第六节　电价电费 …………………………………………… 91
案例 39　电价错误乱收费，问题严重被投诉 ………… 91
案例 40　电价错误且销户，问题严重遭投诉 ………… 93

第二章　服务类投诉 ……………………………………… 97
第一节　服务行为 …………………………………………… 98
案例 41　欠费停电应守则，服务意识需提高 ………… 98
案例 42　更换电杆超时限，承诺客户未兑现 ……… 100
案例 43　收费项目解释清，接受吃请不应当 ……… 102
第二节　服务渠道 ………………………………………… 104
案例 44　打印清单遭推诿，客户不满惹投诉 ……… 104
案例 45　收费连续出错误，工作失职被投诉 ……… 106
案例 46　业务不熟又推诿，客户不满惹投诉 ……… 108
案例 47　工作时间不按时，拒绝收费惹投诉 ……… 110
案例 48　解答咨询欠考虑，遭受投诉教训深 ……… 113
案例 49　违规收取保证金，客户不满惹投诉 ……… 115
案例 50　私自收费不规范，客户不满引投诉 ……… 117
案例 51　更改电价遭推诿，客户不满惹投诉 ……… 119
案例 52　新装业务被推诿，遭受投诉教训深 ……… 121
案例 53　工作推诿不应当，服务推诿引不满 ……… 123
案例 54　工作能力要提升，客户沟通应耐心 ……… 125
案例 55　营业厅拒收现金，违规行为惹投诉 ……… 128
案例 56　工作人员擅离岗，加强监督避投诉 ……… 130

案例 57　营业时间不营业，私事离岗不应当 ········ 132
案例 58　改类业务不及时，违背承诺遭投诉 ········ 134
案例 59　客户交费拒发票，客户不满惹投诉 ········ 136
案例 60　光伏报装拒受理，客户不满惹投诉 ········ 139
案例 61　业务技能应熟练，服务意识要提升 ········ 141
案例 62　业务流程应熟知，考核监督要加强 ········ 143
案例 63　打印不能嫌麻烦，服务意识需提升 ········ 145
案例 64　补开发票现矛盾，核实数据解纠纷 ········ 147
案例 65　打印清单遭拒绝，服务违规被投诉 ········ 149
案例 66　开具发票不规范，解释清楚最重要 ········ 151
案例 67　业务技能应熟练，服务意识要提高 ········ 153
案例 68　首问负责未执行，推诿搪塞不应该 ········ 155
案例 69　装表接电违承诺，内外沟通更重要 ········ 157

第三章　停送电类投诉 ········ 159
第一节　抢修服务 ········ 160
案例 70　停电抢修态度差，惹恼客户毁形象 ········ 160
案例 71　态度蛮横毁形象，惹怒客户遭投诉 ········ 162
案例 72　供电抢修超时限，工作懈怠惹投诉 ········ 164
案例 73　言行随意惹投诉，言行规范最重要 ········ 166

第四章　电网建设类投诉 ········ 169
第一节　电力施工 ········ 170
案例 74　电力施工未设警，致人掉坑遭投诉 ········ 170

案例 75　施工不当未处理，客户不满惹投诉 ……… 173
案例 76　施工破坏自留地，无人赔偿被投诉 ……… 175
第二节　农网改造 …………………………………… 177
案例 77　农网改造乱收费，情节严重遭投诉 ……… 177
第五章　供电质量类投诉 ………………………… 179
案例 78　故障停电太频繁，长期未决惹投诉 ……… 180
案例 79　电网施工频停电，统筹计划减投诉 ……… 182
案例 80　配网改造停电多，合理安排减投诉 ……… 184

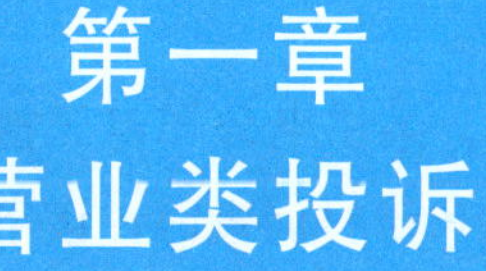

第一章 营业类投诉

第一节 用 电 变 更

案例 1 私自改类惹不满，调查做假被投诉

【事件经过】

客户来电投诉，某供电公司电工擅自更改村民用电类别且在公司督察组来该村调查时，该电工告知客户“不要乱说话”让其做假证，客户表示不满。

【调查结果】

客户投诉属实。经落实，该电工确实存在擅自将该客户由商业用电改为居民电价收取且告知客户“不要乱说话”的情况，现已将错误的电价调整正确。

【违规条款】

违反《国家电网公司供电服务规范》第五条第四款：“严格执行国家规定的电费电价政策及业务收费标准，严禁利用各种方式和手段变相扩大收费范围或提高收费标准。”

【暴露问题】

（1）工作人员责任心不强、服务意识淡薄，未经客户同意擅自更改客户用电类别。

（2）对相关电价电费政策执行不规范，电费管理方面存在漏洞。

（3）供电服务过程监督管理不到位，对发现的问题未能及时纠正，并隐瞒事实，错上加错。

【考核处理】

按照《国网河南省电力公司供电服务“零容忍”考核实施意见》处理决定如下：

（1）对主要责任人经济处罚3000元，待岗3个月，同时取消年度评先资格。

（2）对供电所所长经济处罚2000元，同时取消年度评先晋升资格。

（3）对营销部主任经济处罚2000元。

【规避投诉要点】

加强电价管理，定期对更改电价情况抽查，并制定相关管理规范，同时加强员工培训，提高工作人员的工作规范性。

案例 2 擅自销户不规范，承诺处理未兑现

【事件经过】

客户来电反映，在未告知的情况下被销户，9 月底工作人员承诺会为其处理，至今未处理，客户表示非常不满。

【调查情况】

客户投诉属实，因工作人员失误，批量销户时将客户正常使用的户号销户，2017 年 9 月客户反映问题后，工作人员承诺给其处理但一直未兑现，引发客户投诉。

【违规条款】

违反《国家电网公司供电服务规范》第二章第四条第五款：“熟知本岗位的业务知识和相关技能，岗位操作规范熟练，具有合格的专业技术水平。”

【暴露问题】

(1) 工作人员销户流程执行不规范、责任心不强、工作不认真、工作失误，给客户造成不便，对供电企业形象造成不良影响。

（2）工作人员投诉风险防范意识差，发现工作差错后未及时进行补救，承诺客户但未按时处理，最终引发投诉。

【考核处理】

按照《国家电网公司供电服务奖惩规定》处理决定如下：对主要责任人经济处罚 1000 元。

【规避投诉要点】

（1）提高工作人员责任心，准确核对客户信息，避免出现错误销户情况。

（2）重视客户诉求，真心实意为客户着想，尽力解决客户反映问题，严禁出现人员违诺情况。

（3）进一步强调客户档案信息维护的岗位职责，严格执行客户信息变更时必须与客户联系的要求，杜绝“不联系、不核实、就变更”的服务不规范行为发生。

案例3 交费方式擅自改，电费交错惹投诉

【事件经过】

客户反映手机接收错误电费提醒短信，造成当日错交500元电费，客户表示非常不满。

【调查结果】

客户投诉属实。因工作人员未与客户签订预购电协议，也未核对客户联系方式，便将其改为智能交费，因联系方式错误造成短信错发，导致客户交错电费，引发投诉。

【违规条款】

违反《国家电网公司电费抄核收管理规则》第五章第三十六条，“采用远程费控业务方式的，应根据平等自愿原则，与客户协商签订协议，条款中应包括电费测算规则、测算频度，预警阈值、停电阈值，预警、取消预警及通知方式，停电、复电及通知方式，通知方式变更，有关责任及免责条款等内容。”

【暴露问题】

智能缴费推广工作开展过于简单，不但忽视协议环节，而且还没有核查客户的联系方式，导致客户收到错误短信交错费。

【考核处理】

按照《国家电网公司供电服务奖惩规定》处理决定如下：

（1）对主要责任人经济处罚1000元。

（2）对责任班组长经济处罚500元。

【规避投诉要点】

拓宽宣传渠道及时让客户获取智能交费业务相关知识，集中整治并完善营销系统中客户基础信息，通过日常催费、异常短信为切入点逐步减少短信错发问题。

案例4　户名更改未告知，客户不满遭投诉

【事件经过】

客户来电反映，其本人与田先生共同经营生意，电能表户名为客户本人，供电公司在客户不知情的情况下，擅自将户名更改为合伙人田先生，客户表示非常不满。

【调查结果】

客户反映情况属实。工作人员确实在田先生未提供任何相关证件且客户本人不知情的情况下，擅自将客户户名更改，引发投诉。

【违规条款】

（1）违反《国家电网公司供电服务规范》第二章第四条第五款：“熟知本岗位的业务知识和相关技能，岗位操作规范、熟练，具有合格的专业技术水平。”

（2）违反《国家电网公司供电服务规范》第二章第四条第二款：“真心实意为客户着想，尽量满足客户的合理需求。对客户的咨询、投诉等不推诿、不拒绝、不搪塞，及时、耐心、准确地给予解答。”

【暴露问题】

（1）营业厅工作人员业务不熟练，对更名过户业务办理流程不了解，缺乏责任心，岗位技能欠缺。

（2）供电所日常管理存在疏漏，对员工服务行为监督不力，未及时发现员工在日常工作中的违规情况，造成投诉事件的发生。

【考核处理】

根据《国家电网公司供电服务奖惩规定》，对相关责任人做出以下处理：

（1）对责任人经济处罚1000元，并通报批评。

（2）对责任班组长经济处罚500元，并通报批评。

【规避投诉要点】

加强营业厅人员岗位培训，提升业务素质及岗位技能，严格执行更名过户办理要求。

案例 5　信息修改太随意，错发短信引投诉

【事件经过】

甲客户来电反映，向 95598 反映过错发短信事宜，之后不发了。后期又接到非客户信息电力短信。

【调查结果】

经调查，甲客户反映情况属实。2017 年 6 月 29 日由乙客户母亲与供电所签订《智能交费用电协议》，协议中乙客户因疏忽把电话号码填错。2017 年 7 月 22 日乙客户申请意见工单将客户信息进行更正。2017 年 8 月 25 日，因供电所工作人员发现营销系统客户信息与乙客户《智能交费用电协议》信息不一致，在未向乙客户进行核实的情况下，将营销系统中的客户信息又修改为错误信息，造成甲客户再次收到错误短信。

【违规条款】

违反《国家电网公司供电服务规范》第二章第四条第五款："熟知本岗位的业务知识和相关技能，岗位操作规范、熟练，具有合格的专业技术水平。"

【暴露问题】

（1）工作人员责任心不强，在与客户签订《智能交费用电协议》时，客户联系方式作为最重要的信息，未仔细向客户认真核对。

（2）供电所工作人员更改客户信息行为随意，发现客户信息不一致时，未及时联系客户再次确认，导致客户信息再次出现错误。

【考核处理】

按照《国家电网公司供电服务奖惩规定》，对相关责任人做出以下考核处理：

（1）对主要责任人通报批评，经济处罚 1000 元。

（2）对责任班组长通报批评，经济处罚 500 元。

【规避投诉要点】

通过拓宽宣传渠道及时让客户获取智能交费业务相关知识，集中整治并完善营销系统中客户基础信息，通过日常催费、异常短信为切入点逐步减少短信错发问题。

案例6　重复接收错短信，意见升级惹投诉

【事件经过】

客户来电反映收到错发短信，曾拨打 95598 反映过，但近期又再次收到电费提醒短信，短信内容非客户信息，发送错误。

【调查结果】

经调查，客户反映情况属实。工作人员统计客户联系方式错误，在接到错发短信意见工单后，没有彻底更改错误联系方式，导致客户再次收到错误短信。

【违规条款】

违反《国家电网公司供电服务规范》第二章第四条第五款："熟知本岗位的业务知识和相关技能，岗位操作规范、熟练，具有合格的专业技术水平。"

【暴露问题】

（1）工作人员责任心不强，在推广智能交费业务录入基础信息时，未能准确核对客户信息。

（2）客户首次收到错发短信时，工作人员并未彻底取消，导致客户再次收到，对客户正常生活造成不便，引发客户不满。

【考核处理】

根据《国家电网公司供电服务奖惩规定》，对责任人经济处罚 500 元，予以通报批评。

【规避投诉要点】

（1）对错发短信意见工单，与客户沟通确认后，要在营销 MIS 系统内彻底处理。

（2）对所有客户基础信息逐一核对，发现错误的及时进行纠正。

第二节 抄表催费

案例7 估抄电量太随意，客户不满遭投诉

【事件经过】

客户来电反映当日交费时，电工告知客户需多交900kW·h电费，并称之后两个月就不需要交纳电费，等900kW·h用完了再收费，实际用电量与发票中用电量不符，客户表示非常不满。

【调查结果】

客户投诉属实。因远程抄表系统故障，客户电能表数据未正常传送到营销系统，抄表员未到现场补抄，而是估抄了电量，并私自在系统中录入电能表止码，造成系统电量与实际电量相差980kW·h。

【违规条款】

（1）违反《国家电网公司电费抄核收管理规则》第三章第十四条“严格按规定的抄表周期和抄表例日准确抄录客户用电计量装置记录的数据。严禁违章抄表作业，不得

估抄、漏抄、代抄。确因特殊情况不能按期抄表的，应及时采取补抄措施。”

（2）违反《国家电网公司电费抄核收管理规则》第三章第二十三条：“抄表数据应及时复核。发现电量突变或分时段数据不平衡等异常情况，应立即进行现场核实；确有异常时，应提出异常报告并及时处理。”

【暴露问题】

（1）工作人员责任心不强，未严格按照《国家电网公司电费抄核收管理规则》准确抄录客户用电计量装置数据且未进行现场数据复核。

（2）电费核算工作质量不高，未能及时发现电量异常，错过了控制事件发展的机会。

【考核处理】

按照《国网河南省电力公司供电服务“零容忍”考核实施意见》处理决定如下：

（1）对主要责任人经济处罚 2000 元，待岗 3 个月，取消年度评先、晋升资格并全公司通报批评。

（2）对该供电所所长经济处罚 2000 元。

（3）对营销部副主任经济处罚 1000 元。

【规避要点】

（1）加强远程抄表系统运维，提高系统运行准确率。

（2）当采集系统出现异常无法正确抄录数据时，应在抄表当日安排现场补抄，并立即进行消缺处理。

（3）严格执行抄表数据审批规定，规范更改流程，避免私自更改抄表数据。

案例 8　抄表工作太随意，电费突增遭投诉

【事件经过】

客户来电反映，2016 年家中正常用电且每月电工按时上门收电费，但经系统查询，2016 年全年无电费信息产生，2017 年 1 月产生 1000kW · h 用电量，客户表示不满。

【调查结果】

客户投诉属实，因工作人员疏忽未及时将每月电费数据录入营销系统，导致 2016 年无电费产生。2017 年 1 月电工将客户 2016 年全年用电量及 2017 年 1 月用电量合并，并输入营销系统导致产生 1 月 1000kW · h 用电量，引发投诉。

【违规条款】

（1）违反《国家电网公司电费抄核收管理规则》第三章第十四条："严格按规定的抄表周期和抄表例日准确抄录客户用电计量装置记录的数据。严禁违章抄表作业，不得估抄、漏抄、代抄。确因特殊情况不能按期抄表的，应及时采取补抄措施。"

（2）违反《供电营业规则》第八十三条："供电企业应在规定的日期抄录计费电能表读数。"

（3）违反《国家电网公司电费抄核收管理规则》第三章第二十三条："抄表数据应及时进行复核。发现电量突变或分时段数据不平衡等异常情况，应立即进行现场核实；确有异常时，应提出异常报告并及时处理"。

【暴露问题】

（1）抄催人员责任心不强，工作随意，未按规范开展抄录工作，导致长期漏抄。

（2）供电公司日常管理存在疏漏，对员工规范化抄表作业监督不力，没有及时发现员工在日常工作中的违规情况。

（3）电费核算工作质量不高，未及时发现长期电量为零的现象，失去控制事件发展的机会。

【考核处理】

根据《国网河南省电力公司供电服务"零容忍"考核实施意见》，对相关责任人做出以下考核处理：

（1）对主要责任人经济处罚3000元，待岗3个月，同时取消年度评先、晋升资格，并在全公司范围内通报批评。

（2）对责任班组长经济处罚2000元，调整岗位，同时取消年度评先、晋升资格。

（3）对责任分管负责人经济处罚1000元。

【规避投诉要点】

针对零度户及时核查，并现场核对；对漏抄电量进行跟踪补救，并开展抄催人员服务规范、工作标准和员工行为规范的培训；进一步增强抄催人员的服务意识、工作态度、工作责任心。

案例 9 催费态度太恶劣，惹怒客户遭投诉

【事件经过】

客户来电反映，在不欠费的情况下，供电公司工作人员致电客户要求补交其垫付的 1500 元电费，通话过程中威胁客户“你不付我垫付的 1500 元电费，我停你电”，并存在侮辱客户的情况，客户表示不满。

【调查结果】

客户投诉属实，工作人员在电话催费中，因未核实客户信息，误将该客户当做另一欠费客户。因该客户不欠费，对催费一事不认可，工作人员情绪失控，通话过程中威胁、侮辱客户，引发投诉。

【违规条款】

（1）违反《国家电网公司供电服务规范》第二章第四条第五款：“熟知本岗位的业务知识和相关技能，岗位操作规范、熟练，具有合格的专业技术水平。”

（2）违反《国家电网公司供电服务规范》第二章第四条第二款：“真心实意为客户着想，尽量满足客户的合理要

求。对客户的咨询、投诉等不推诿、不拒绝、不搪塞，及时、耐心、准确地给予解答。”

（3）违反《国家电网公司供电服务规范》第二章第四条第四款：“工作期间精神饱满、注意力集中，使用规范化文明用语，提倡使用普通话。”

【暴露问题】

（1）工作人员责任意识不强，工作粗心大意，因工作疏忽造成催错费，给客户造成不便。

（2）工作人员与客户沟通时服务态度差、服务意识淡薄，引起客户不满。

【考核处理】

按照《国网河南省电力公司供电服务“零容忍”考核实施意见》处理决定如下：

（1）对主要责任人经济处罚3000元，待岗3个月并取消年度评先、晋升资格。

（2）对供电所所长经济处罚2000元。

【规避投诉要点】

（1）定期组织开展催费技巧培训，规范服务语言，对客户建立同理心，避免投诉发生。

（2）催费前应认真核对客户信息，现场或电话催费时应再次与客户核对户号、地址及电量信息，避免催错费问题发生。

案例 10　估抄电量不严谨，服务意识需提升

【事件经过】

客户来电反映，家中 9 月份电量为 12610kW·h，存在突增问题，工作人员告知其电量为估抄，客户表示不满。

【调查结果】

客户投诉属实，2017 年 8 月工作人员估抄电量小于实际用电量，9 月现场抄表时将 8 月少抄电量一并抄回，造成客户 9 月电量突增，引发投诉。

【违规条款】

（1）违反《国家电网公司电费抄核收管理规则》第三章第十四条："严格按规定的抄表周期和抄表例日准确抄录客户用电计量装置记录的数据。严禁违章抄表作业，不得估抄、漏抄、代抄。确因特殊情况不能按期抄表的，应及时采取补抄措施。"

（2）违反《国家电网公司电费抄核收管理规则》第三章第二十三条："抄表数据应及时进行复核。发现电量突变或分时段数据不平衡等异常情况，应立即进行现场核实；

确有异常时，应提出异常报告并及时处理”。

（3）违反《供电营业规则》第八十三条：“供电企业应在规定的日期抄录计费电能表读数。”

【暴露问题】

（1）供电公司电工在客户不知情的情况下估抄，导致抄表电量出现差错，引发投诉。

（2）抄核收工作质量不高，未能及时发现电量异常，导致重复收费，错过了控制事件发展的机会。

（3）供电公司电工规章制度执行不严、学习掌握不彻底，未真正使服务规范、工作标准和员工行为规范落到实处，在服务意识、工作态度、工作责任心等方面有待进一步提升。

【考核处理】

根据《国网河南省电力公司供电服务“零容忍”考核实施意见》，对相关责任人做出以下考核处理：

（1）对主要责任人经济处罚3000元，待岗3个月，同时取消年度评先及晋升资格。

（2）对责任分管负责人经济处罚2000元。

（3）对部门责任人经济处罚1000元。

【规避投诉要点】

（1）加强电工服务意识培训，提高工作规范性、严谨性，针对未抄表到户的情况，应及时联系客户待期补抄，并做好客户安抚工作。

（2）加强对电量异常情况的监测，发现问题及时进行现场核对，对错误电量进行跟踪补救，并开展抄催人员服务规范、工作标准和员工行为规范的培训，进一步增强抄催人员的服务意识、工作态度和工作责任心。

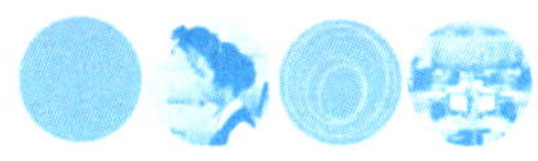

案例 11　疏忽大意抄错表，异常电量需复核

【事件经过】

客户来电投诉，2017 年 9 月 30 日客户自查电能表读数为 1542，但 9 月 1 日抄表读数为 5340，存在错抄情况，客户表示非常不满。

【调查结果】

客户投诉属实。客户共有两块电能表，经现场核实发现两块电能表现场表底数与营销系统示数均不一致。其中一块电能表，10 月 2 日现场电能表底数为 1545，而营销系统 9 月 1 日、10 月 1 日抄表底数都是 5340；另一块电能表，10 月 2 日现场电能表底数为 6997，而营销系统 10 月 1 日抄表底数为 4348，两块电能表均出现严重错抄情况。现已责令工作人员将客户多交纳的电费予以退还，并向客户道歉解释。

【违规条款】

（1）违反《国家电网公司供电服务规范》第五章第十九条第一款："供电企业应在规定的日期准确抄录计费电能表读数。"

（2）违反《国家电网公司电费抄核收管理规则》第三章第二十三条："抄表数据应及时进行复核。发现电量突变或分时段数据不平衡等异常情况，应立即进行现场核实；确有异常时，应提出异常报告并及时处理。"

【暴露问题】

（1）工作人员未按照抄核收工作规范进行抄表作业，导致客户两块电能表均出现错抄情况。

（2）供电公司疏于日常抄表复核管理工作，未有效确保抄表准确性，应健全工作机制，提升供电客户服务水平。

【考核处理】

根据《国网河南省电力公司供电服务"零容忍"考核实施意见》处理决定如下：

（1）对责任人经济处罚3000元，待岗3个月，并取消年度评先资格。

（2）对责任班组长经济处罚2000元，写出书面检查，在全公司范围内进行通报批评。

（3）对责任部门分管负责人经济处罚1000元。

【规避投诉要点】

严格贯彻落实抄核收管理规则要求，充分利用技术手段对抄表数据复核，对业务执行情况开展常态稽查检查工作，减少异常电量，确保抄表准确性。

案例 12　长期漏抄未复核，电费突增遭投诉

【事件经过】

客户来电投诉，近期正常用电，但经系统查询抄表电量一直为0，工作人员告知因电能表线路接反，需客户补交1万多元电费，客户表示不满。

【调查结果】

客户投诉属实。因工作人员疏忽，在更换智能表时，将新表进出线接反，造成该户至今未抄到电量。营销普查发现线路接反后，工作人员通知客户需补交1万多元电费，引发投诉。

【违规条款】

（1）违反《电能计量装置技术管理规程》："电能计量装置投运前应进行全面的验收，对电能表接线正确性进行检查。"

（2）违反《国家电网公司电费抄核收管理规则》第三章第二十三条："抄表数据应及时进行复核。发现电量突变或分时段数据不平衡等异常情况，应立即进行现场核实；

确有异常时，应提出异常报告并及时处理。”

【暴露问题】

（1）户表轮换工程验收不严格，在验收过程中未能及时发现计量装置进出线接错，导致后续抄表催费工作无法正常开展。

（2）供电公司在对远程自动抄表失败未实行有效监管，工作人员优质服务意识欠缺，未到现场进行数据复核，导致电费突增引发客户投诉。

【考核处理】

根据《国网河南省电力公司供电服务“零容忍”考核实施意见》处理决定如下：

（1）对责任人经济处罚3000元，待岗3个月，并取消年度评先资格。

（2）对责任班组长经济处罚2000元，写出书面检查，在全公司范围内进行通报批评。

（3）对责任部门分管负责人经济处罚1000元。

【规避投诉要点】

建立完善的电能表装接技术监督机制，加大现场管控力度，并对远程自动抄表失败、数据异常立即进行消缺处理，同时提出异常报告并进行现场数据复核。

案例 13　工作失误未发现，长期漏抄引投诉

【事件经过】

客户来电投诉其电能表存在漏抄情况，客户表示 2018 年 1 ~3 月有用电，但数据为 0。

【调查结果】

经调查，客户反映情况属实。因下户线工程改造时，施工队将客户的电能表零线、相线接反，造成所使用的电量为反向有功电量。工作人员未及时发现该问题，造成客户连续数月抄表数据为 0。

【违规条款】

（1）违反《电能计量装置技术管理规程》，电能计量装置投运前应进行全面的验收，对电能表接线正确性进行检查。

（2）违反《国家电网公司电费抄核收管理规则》第三章第二十三条："抄表数据应及时进行复核。发现电量突变或分时段数据不平衡等异常情况，应立即进行现场核实；确有异常时，应提出异常报告并及时处理。"

（3）违反《国家电网公司电费抄核收管理规则》第三章第二十三条："抄表数据应及时进行复核。发现电量突变或分时段数据不平衡等异常情况，应立即进行现场核实；确有异常时，应提出异常报告并及时处理。"

【暴露问题】

（1）工程管理不到位，施工人员接线错误，台区管理人员未对工程进行开展交接验收。

（2）台区管理员工作不认真，未在平时台区巡查中发现客户家接线异常。

（3）抄表管理不规范，对用电信息采集系统未采集到数据和长期零电量的用户未进行现场复核，导致长期漏抄电量。

（4）电费核算工作质量不高，未能及时发现电量异常，错过了控制事件发展的机会。

（5）需要加强用电采集系统运维，提升采集成功率。

【考核处理】

按照《国网河南省供电公司供电服务"零容忍"奖惩规定》，对相关责任人做出以下考核处理：

（1）对主要责任人经济处罚3000元，通报批评。

（2）对责任班组长经济处罚2000元，通报批评。

（3）对部门分管负责人罚款1000元。

【规避投诉要点】

建立完善的电能表装接技术监督机制，加大现场管控力度；严格执行《国家电网公司电费抄核收管理规则》，加强对采集异常数据的监控，对用电信息采集系统电量异常情况及时现场核查；加强日常监管，台区工作人员进行定期和不定期电量普查。

案例 14　长期漏抄未发现，客户不满遭投诉

【事件经过】

客户来电反映其一直正常用电，连续 5 个月一直没有抄表，系统查询无抄表信息，导致无法正常缴纳电费，存在漏抄情况。

【调查结果】

经调查，客户反映情况属实。因用电信息采集系统原因，未将该户采集信息正常推送，工作人员未现场核抄，造成该用户营销系统未产生电量。

【违规条款】

违反《国家电网公司电费抄核收管理规则》第二十二条："采用远程自动抄表方式的，当抄表例日无法正确抄录数据时，应当在抄表当日安排现场补抄，并立即进行消缺处理。"

【暴露问题】

抄核收管理不规范，用电信息采集系统抄录电能表示

数后，工作人员未进行复核，导致长期无电量产生，造成客户无法正常缴费。

【考核处理】

根据《国网河南省电力公司供电服务“零容忍”考核实施意见》，对相关责任人做出以下考核处理：

（1）对主要责任人经济处罚3000元，待岗1个月，取消年终评先资格，并在公司范围内通报批评。

（2）对供电所负责人经济处罚2000元。

（3）对营销部分管主任经济处罚1000元。

【规避投诉要点】

加强零电量核查，每月对用电信息采集系统采集的抄表数据筛选出“零电量”和当月电量异常（忽高忽低）客户清单，及时现场排查，有效减少电量损失和漏抄类投诉的发生。

案例 15 估抄错抄遭投诉，现场补抄应及时

【事件经过】

客户来电投诉，7 月 5 日供电公司抄表示数为 2125，但是 7 月 15 日客户自查电能表示数为 1734. 67，存在错抄的情况。

【调查结果】

经调查，客户反映情况属实。客户在改建房时把该表箱圈入院内，供电所工作人员抄表时，无法查看表计，对该用户进行估抄，引起客户投诉。

【违规条款】

(1) 违反《国家电网公司电费抄核收管理规则》第十四条："严格按规定的抄表周期和抄表例日准确抄录客户用电计量装置记录的数据，不得估抄、漏抄、代抄"。

(2) 违反《国家电网公司电费抄核收管理规则》第二十一条："采用现场抄表方式的，因客户原因未能如期抄表时，应通知客户待期补抄并按合同约定或有关规定计收电费"。

（3）违反《国家电网公司供电服务规范》第十九条："因客户原因不能如期抄录电能表读数时，可通知客户待期补抄或暂按前次用电量计收电费"。

【暴露问题】

抄表人员未严格按照《国家电网公司电费抄核收管理规则》开展工作。

【考核处理】

根据《国网河南省电力公司供电服务"零容忍"考核规定》，对相关责任人做出以下考核处理：

（1）对主要责任人经济处罚3000元，全公司范围内通报批评，取消年度评先资格。

（2）对责任班组长经济处罚2000元。

（3）对供电所所长经济处罚1000元。

【规范投诉要点】

（1）加强用电信息采集工程的建设，实现采集全覆盖，并确保采集成功率。

（2）加强对用户电量的核算，疑似异常电量现场核查到位。

第三节 业务收费

案例16 临时用电乱收费，违规行为必查处

【事件经过】

客户来电反映，盖房临时用电时，工作人员未安装电能表且私自收取电费，客户表示非常不满。

【调查结果】

客户投诉属实。工作人员未按规范对客户装表接电，并私自收取临时用电所产生的电费，引发客户投诉。

【违规条款】

（1）违反《国家电网公司员工服务行为“十个不准”》第二条：“不准违反政府部门批准的收费项目和收费标准向客户收费。”

（2）违反《国家电网公司员工服务行为“十个不准”》第十条：“不准利用工作之便谋取不正当利益。”

【暴露问题】

（1）业扩报装服务执行不到位。工作人员未按规定执

行临时用电报装流程，未同客户签订临时用电协议，存在无表接电、私自收取电费行为。

（2）临时用电管理存在漏洞，对业扩流程、收费标准监管不力。

（3）工作人员服务意识淡薄，未将供电服务规范严格落实到工作中。

【考核处理】

根据《国网河南省电力公司供电服务“零容忍”考核实施意见》处理决定如下：

（1）对主要责任人经济处罚3000元，待岗3个月，取消年终评先资格。

（2）对次要责任人经济处罚2000元，取消年终评先资格。

（3）对责任部门分管负责人经济处罚2000元，取消年终评先资格。

（4）对部门责任人经济处罚1000元，通报批评。

（5）对责任部门分管领导经济处罚1000元。

【规避投诉要点】

开展临时用电乱收费问题排查，加大明察暗访力度，发现问题及时处理，防控该类投诉。

案例 17 违规收费问题大，引发投诉教训深

【事件经过】

客户来电反映，2017 年 2～6 月客户向工作人员交纳 5345.8 元，但系统查询电费为 2963.94 元，与实际交费金额不符，工作人员存在截留电费的行为，客户表示非常不满。

【调查结果】

客户投诉属实。工作人员实际按商业电价收取客户电费，但录入系统时按居民电价进行录入，造成客户所交纳的电费与系统电费不符，2～6 月工作人员共截留电费 2381.86 元电费，造成客户投诉。

【违反条款】

（1）违反《国家电网公司员工服务行为“十个不准”》第十条：“不准利用岗位与工作之便谋取不正当利益。”

（2）违反《国家电网公司供电服务规范》第五条第四款：“严格执行国家规定的电费电价政策及业务收费标准，严禁利用各种方式和手段变相扩大收费范围或提高收费标准。”

【暴露问题】

（1）工作人员未严格执行服务规范，私自截留电费，损害了供电企业形象。

（2）员工服务意识淡薄、工作责任心不强、规章制度执行不严，服务规范、工作标准、员工行为规范执行不到位。

（3）供电公司日常监管不严，未及时发现截留电费行为，给公司造成经济损失。

【考核处理】

根据《国网河南省电力公司供电服务“零容忍”考核实施意见》处理决定如下：

（1）对主要责任人经济处罚3000元，待岗3个月，取消年终评先资格。

（2）对次要责任人经济处罚2000元，取消年终评先资格。

（3）对责任部门分管负责人经济处罚2000元，取消年终评先资格。

（4）对部门责任人经济处罚1000元，通报批评。

（5）对责任部门分管领导经济处罚1000元。

【规避投诉要点】

（1）开展乱收费问题排查，加大明察暗访力度，发现问题及时处理，提前防控该类投诉。

(2) 加强工作人员职业道德培训，加大外部监督和内部管控，避免发生违规收费、截留电费现象。

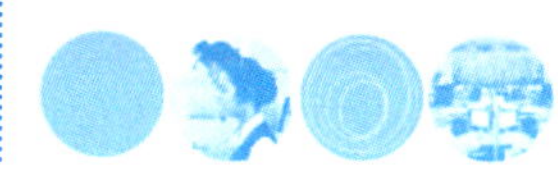

案例18 接受委托干私活，收费违规受处罚

【事件经过】

客户来电反映，农业灌溉用电时，供电公司电工按1元/（kW·h）收取电费。

【调查结果】

经调查，客户反映情况属实。由于村委会缺乏专业管理人员，委托供电所电工对6台专用变压器进行设备管理，并商定电价为1元/（kW·h），由电工代为收取后交于村委会。

【违规条款】

违反《国家电网公司供电服务规范》第五条第四款："严格执行国家规定的电价电费政策及业务收费标准。"

【暴露问题】

（1）农电工在担任电工期间私自接受村委会委托收取电费，给供电企业公平、公信的形象造成不良影响。

（2）供电所日常管理存在疏漏，对员工服务行为监督不力，没有及时发现员工在日常工作中的违规情况。

【考核处理】

根据《国网河南省电力公司供电服务“零容忍”考核实施意见》，对相关责任人做出以下考核处理：

(1) 对主要责任人经济处罚3000元，待岗1个月，取消年终评先资格，并在公司范围内通报批评。

(2) 对次要责任人经济处罚2000元，取消年终评先资格。

(3) 对责任部门分管负责人经济处罚2000元，取消年终评先资格。

(4) 对部门责任人经济处罚1000元，通报批评。

(5) 对责任部门分管领导经济处罚1000元。

【规避投诉要点】

(1) 加强农电工行为自律教育，严禁接私活现象，养成农电工的规则意识。

(2) 农电人员每天需填值班记录，外出工作需写明工作内容，禁止农电工接触用户现金。

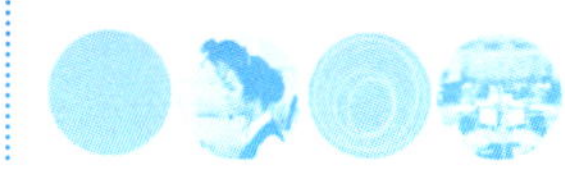

案例 19　临时用电乱收费，加强监管防投诉

【事件经过】

客户反映建房申请临时用电时，供电所工作人员向客户收取 800～1500 元不等的费用，存在乱收费行为。

【调查结果】

经调查，客户反映情况属实。工作人员在装表接电时，向客户收取了 800 元费用。

【违规条款】

（1）违反《国家电网公司供电服务规范》第五条第四款："严格执行国家规定的电费电价政策及业务收费标准，严禁利用各种方式和手段变相扩大收费范围或提高收费标准。"

（2）违反《国家电网公司员工服务行为"十个不准"》第十条："不准利用岗位与工作之便谋取不正当利益。"

（3）违反《国家电网公司员工服务行为"十个不准"》第二条："不准违反政府部门批准的收费项目和收费标准向客户收费。"

【暴露问题】

（1）业扩报装服务执行不到位，工作人员服务意识淡薄，未按规定执行临时用电报装流程，未同客户签订临时用电合同且存在乱收费行为。

（2）临时用电管理存在漏洞，对业扩流程、营业普查、收费标准监管不力。

【考核处理】

按照《国网河南省电力公司供电服务“零容忍”考核实施意见》，对相关责任人做出以下考核处理：

（1）对主要责任人通报批评，经济处罚 3000 元。

（2）对责任班组长通报批评，经济处罚 2000 元。

（3）对责任部门分管负责人经济处罚 2000 元。

（4）对责任部门负责人经济处罚 1000 元。

（5）对责任部门分管领导经济处罚 1000 元。

【规避投诉要点】

（1）开展临时用电乱收费问题排查，加大明察暗访力度，加强临时用电表计管理，发现问题及时处理，提前防控该类投诉。

（2）严禁农电工接受客户临时用电及业扩报装申请，必须由客户按照标准流程申请。

案例 20　更换电表问题多，违规行为必查处

【事件经过】

客户来电反映，工作人员在更换电能表时态度差且向客户索要两条中华香烟；同时客户反映家中为商业用电，电工未按一般工商业电价 0.7695 元/（kW·h）收取，而是擅自按 0.8 元/（kW·h）加价收取且在客户计量装置发生故障的情况下，未进行校验维修，随意估算电量收费，客户表示非常不满。

【调查结果】

客户反映情况均属实，工作人员责任心不强，供电公司监管不到位，造成工作人员违反服务规范，换表乱收费、索要礼品、未严格执行抄核收管理细则，引发客户投诉。

【违规条款】

（1）违反《国家电网公司供电服务规范》第五条第四款："严格执行国家规定的电费电价政策及业务收费标准，严禁利用各种方式和手段变相扩大收费范围或提高收费标准。"

（2）违反《国家电网公司员工服务行为"十个不准"》

第十条："不准利用岗位与工作之便谋取不正当利益。"

（3）违反《国家电网公司供电服务规范》第二章第四条第二款："真心实意为客户着想，尽量满足客户的合理要求。对客户的咨询、投诉等不推诿、不拒绝、不搪塞，及时、耐心、准确地给予解答。"

（4）违反《国家电网公司电费抄核收管理规则》第三章第十四条："严格按规定的抄表周期和抄表例日准确抄录客户用电计量装置记录的数据。严禁违章抄表作业，不得估抄、漏抄、代抄。确因特殊情况不能按期抄表的，应及时采取补抄措施。"

（5）违反《国家电网公司员工服务行为"十个不准"》第九条："不准接受客户吃请和收受客户礼品、礼金、有价证券等。"

【暴露问题】

（1）工作人员服务意识淡薄、工作责任心不强、规章制度执行不严，违反国家规定标准收取费用，利用工作之便谋取私利，收受客户礼品，估抄电能表给供电企业公平、诚信的形象造成不良影响。

（2）供电所日常管理存在疏漏，对员工服务行为监督不力，没有及时发现员工在日常工作中的违规情况。

【考核处理】

（1）对主要责任人经济处罚3000元，待岗1个月，取

消年终评先资格，并在公司范围内通报批评。

（2）对次要责任人经济处罚2000元，取消年终评先资格。

（3）对责任部门分管负责人经济处罚2000元，取消年终评先资格。

（4）对部门责任人经济处罚1000元，通报批评。

（5）对责任部门分管领导经济处罚1000元。

【规避投诉要点】

（1）开展乱收费问题排查，加大明察暗访力度，加强供电所人员服务行为监督，发现问题及时处理，提前防控该类投诉。

（2）加强电工服务意识培训，严禁出现违反公司规定、收取客户礼品、谋取私利问题的发生。

（3）提高工作规范性、严谨性，针对未及时抄表到户的情况，应及时联系客户待期补抄，杜绝估抄、漏抄等抄表差错问题发生。

案例21　换表流程不规范，重复收费太混乱

【事件经过】

客户来电反映，供电公司将两块电能表电量多抄、估抄且重复收取客户几千元费用，客户表示不满。

【调查结果】

客户投诉属实，因客户表计烧毁，工作人员为客户更换电能表后，未及时向业务员传递换表工作票，造成该客户旧表信息在系统中至今未更改，而是采用新表读数、老表累加的方法上报电量，导致多抄、估抄重复收费的现象。现已为客户更换了新电能表，更改了营销信息。

【违规条款】

（1）违反《国家电网公司营销部关于进一步规范电能表申校及换装服务行为的通知》第一款第三条："计量人员更换故障电能表后，应做好现场与客户的确认签字外观和示数工作，并对故障电能表进行现场拍照及存档；如遇客户不在，应在客户处张贴告知单，请客户及时联系，同时请物管或社区（村委会）人员签字确认外观和示数。"

（2）违反《国家电网公司电费抄核收管理规则》第三章第十四条："严格按规定的抄表周期和抄表例日准确抄录客户用电计量装置记录的数据。严禁违章抄表作业，不得估抄、漏抄、代抄。确因特殊情况不能按期抄表的，应及时采取补抄措施。"

（3）违反《国家电网公司电费抄核收管理规则》第三章第二十三条："抄表数据应及时进行复核。发现电量突变或分时段数据不平衡等异常情况，应立即进行现场核实；确有异常时，应提出异常报告并及时处理"。

【暴露问题】

（1）工作人员责任心不强，未严格执行换装前提前告知的相关要求。客户更换电能表时未经客户确认电能表底度且一直未向客户解释说明，导致客户实际电能表示数一直以来与营销系统不一致。

（2）工作人员换表未及时更新存档，工作流程规范化、标准化程度不高，工作人员服务行为比较随意。

（3）抄核收工作质量不高，未能及时发现电量异常，导致重复收费，错过了控制事件发展的机会。

（4）供电公司缺乏有效的监督环节，未能及时发现和制止工作人员的违规行为。

【考核处理】

根据《国网河南省电力公司供电服务"零容忍"考核

实施意见》，对相关责任人做出以下考核处理：

（1）对主要责任人经济处罚3000元，待岗1个月，取消年终评先资格，并在公司范围内通报批评。

（2）对次要责任人经济处罚2000元，取消年终评先资格。

（3）对责任部门分管负责人经济处罚2000元，取消年终评先资格。

（4）对部门负责人经济处罚1000元，通报批评。

（5）对责任部门分管领导经济处罚1000元。

【规避投诉要点】

严格把控换装流程，明确各环节作业责任，及时跟踪流程时限，加强服务流程监督考核力度，避免因换装引发抄表收费差错。

案例 22　户表轮换问题多，搭车收费谋私利

【事件经过】

客户来电反映，工作人员在统一进行户表轮换时，向每户收取 150 元电能表钱，客户表示非常不满。

【调查结果】

客户投诉属实，表计轮换时台区工作人员确实向每户收取 150 元电能表钱，引发客户投诉。已责令工作人员逐户核对退还所收客户费用。

【违规条款】

（1）违反《国家电网公司员工服务行为“十个不准”》第一条：“不准违反政府部门批准的收费项目和标准向客户收费。”

（2）违反《国家电网公司供电服务规范》第五条第四款：“严格执行国家规定的电费电价政策及业务收费标准，严禁利用各种方式和手段变相扩大收费范围或提高收费标准。”

（3）违反《国家电网公司员工服务行为“十个不准”》

第十条："不准利用岗位与工作之便谋取不正当利益。"

【暴露问题】

工作人员利用户表轮换搭车收费谋取私利，收费规定执行不到位且基层单位对员工服务行为监督不力，给供电公司形象造成不良影响。

【考核处理】

根据《国网河南省电力公司供电服务"零容忍"考核实施意见》，对相关责任人做出以下考核处理：

（1）对主要责任人经济处罚3000元，待岗1个月，取消年终评先资格，并在公司范围内通报批评。

（2）对次要责任人经济处罚2000元，取消年终评先资格。

（3）对责任部门分管负责人经济处罚2000元，取消年终评先资格。

（4）对责任部门负责人经济处罚1000元，通报批评。

（5）对责任部门分管领导经济处罚1000元。

【规避投诉要点】

对轮换户表实行现场监督检查，严格执行国家规定的收费项目和标准，建立并实施绩效评价考核制度。

案例 23　利用工作谋私利，违规收费不应当

【事件经过】

客户来电反映电能表故障，工作人员告知必须给其充 100 元话费，若不交费就不给换表且之前该工作人员存在私自收取客户 350 元费用的情况，客户表示不满。

【调查结果】

客户投诉属实。工作人员处理电能表故障时违反服务规范，私自收费引发客户不满。

【违反条款】

（1）违反《国家电网公司员工服务行为“十个不准”》第十条：“不准利用岗位与工作之便谋取不正当利益。”

（2）违反《国家电网公司供电服务规范》第五条第四款：“严格执行国家规定的电费电价政策及业务收费标准，严禁利用各种方式和手段变相扩大收费范围或提高收费标准。”

【暴露问题】

（1）工作人员未严格执行服务规范，违规收费，没有做到有章可循、有法可依，损害了公司形象。

（2）员工服务意识淡薄、工作责任心不强、规章制度执行不严，服务规范、工作标准、员工行为规范执行不到位。

（3）供电公司日常监管不严，未及时发现乱收费问题，给公司造成经济损失。

【考核处理】

根据《国网河南省电力公司供电服务“零容忍”考核实施意见》，对相关责任人做出以下考核处理：

（1）对主要责任人经济处罚 3000 元，待岗 1 个月，取消年终评先资格，并在公司范围内通报批评。

（2）对次要责任人经济处罚 2000 元，取消年终评先资格。

（3）对责任部门分管负责人经济处罚 2000 元，取消年终评先资格。

（4）对责任部门负责人经济处罚 1000 元，通报批评。

（5）对责任部门分管领导经济处罚 1000 元。

【规避投诉要点】

开展乱收费问题排查和明察暗访工作，加大乱收费处罚力度，发现问题从严追究，杜绝乱收费现象。

案例 24　擅改户名线接错，情节严重惹投诉

【事件经过】

客户来电反映，工作人员在未通知客户的情况下擅自给其更名，又将表计线接错，造成几个月不能交电费，客户对此表示不满。

【调查结果】

客户反映情况属实，因台区电工工作不认真、责任心不强，在更换表计过程中，将表计线接错且擅自为客户办理更名业务，导致客户长期不能交电费，引发投诉。

【违规条款】

（1）违反《国家电网公司供电服务规范》第二十一条："供电企业在新装、换装及现场校验后应对电能计量装置加封，并请客户在工作凭证上签章。如居民客户不在家，应以其他方式通知其电能表底数。拆回的电能计量装置应在表库至少存放 1 个月，以便客户提出异议时进行复核。"

（2）违反《国家电网公司供电服务规范》第二章第四条第五款："熟知本岗位的业务知识和相关技能，岗位操作规范、熟练，具有合格的专业技术水平。”

【暴露问题】

（1）换表工作流程不规范，工作人员服务行为随意。

（2）工作人员责任心不强，服务意识差，工作技能欠缺，未发现工作中存在的问题，给客户造成不便。

【考核处理】

根据《国网河南省电力公司供电服务“零容忍”考核实施意见》对相关责任人做出以下考核处理：

（1）对台区管理人经济处罚 3000 元，待岗 6 个月处理，并取消年度评先晋升资格。

（2）对台区管理班长经济处罚 2000 元，取消年度评先晋升资格。

（3）对责任部门分管负责人经济处罚 2000 元，并进行全公司通报。

【规避投诉要点】

加大对供电所人员及农电工的培训教育，提高员工的优质服务意识及服务水平，提升业务技能，加强工作责任心，避免因服务过错造成的投诉事件。

案例 25　擅自换表未通知，电费突增遭投诉

【事件经过】

客户来电反映，供电所工作人员在未通知客户的情况下，擅自给其更换电能表，电费突增，客户表示非常不满。

【调查结果】

客户反映情况均属实，工作人员发现电能表异常后，未通知客户的情况下给其更换了电能表且录入系统时将电能表底数录入错误，导致客户电费突增。已立即退还客户本月多缴电费，并向客户解释并道歉，客户表示满意。

【违规条款】

（1）违反《国家电网公司营销部关于进一步规范电能表申校及换装服务行为的通知》第一条第三款："计量人员更换故障电能表后，应做好现场与客户的确认签字外观和示数工作，并对故障电能表进行现场拍照及存档；如遇客户不在，应在客户处张贴告知单，请客户及时联系，同时请物业管理或社区（村委会）人员签字确认外观和示数。"

（2）违反《国家电网公司供电服务质量标准》第六

条："低压客户电能表换装前，应在小区和单元张贴告知书，或在物业公司（村委会）备案；换装电能表前应对装在现场的原电能表进行底度拍照，拆回的电能表应在表库至少存放1个抄表或电费结算周期。"

（3）违反《国家电网供电服务规范》第二章第四条第五款："熟知本岗位的业务知识和相关技能，岗位操作规范、熟练，具有合格的专业技术水平。"

【暴露问题】

（1）工作人员工作态度不认真，纪律性不强，未真正使服务规范、工作标准和员工行为规范落到实处，缺乏应有的责任心，给公司造成了负面影响。

（2）工作流程中缺乏有效的监督环节，对员工服务行为监督不力，未能及时发现、制止违规行为。

【考核处理】

根据《国网河南省电力公司供电服务"零容忍"考核实施意见》，对相关责任人做出以下考核处理：

（1）对台区管理员经济处罚3000元，同时取消年度评先、晋升资格。

（2）对台区管理班长经济处罚2000元，同时取消年度评先、晋升资格。

（3）对责任部门分管负责人罚款1000元，并全公司通报批评。

【规避投诉要点】

严格执行换表相关规定，换表前通知客户，更换电能表时及时进行表计合格的确认，并进行客户签字后留档，规避该类投诉。

案例 26　换表搭车乱收费，行为违规惹投诉

【事件经过】

2017 年 9 月 4 日客户来电反映，2017 年 4 月换表时每户收取 120 元施工费且未与客户核对电能表底数；2017 年 8 月强行给该村村民更换表下线且收费高于市价，客户表示不满。

【调查结果】

经核查，客户反映情况属实。工作人员确实存在换表乱收费且未与客户核对电能表底数、强行给客户更换表下线，收费高于市场价情况。

【违规条款】

（1）违反《国家电网公司供电服务规范》第五条第四款："严格执行国家规定的电价电费政策及业务收费标准，严禁利用各种方式和手段变相扩大收费范围或提高收费标准。"

（2）违反《国家电网公司供电服务规范》第五章第二十一条第一款："供电企业在新装、换装及现场校验后应对

计量装置加封，并请客户在工作凭证上签章。如居民客户不在家，应以其他方式通知其电能表底数。”

（3）违反《国家电网公司员工服务行为“十个不准”》第二条：“不准违反政府部门批准的收费项目和标准向客户收费。”

（4）违反《国家电网公司员工服务行为“十个不准”》第十条：“不准利用岗位与工作之便谋取不正当利益。”

【暴露问题】

（1）工作人员工作违规，违反国家规定标准收取费用，给供电企业公平、公信的形象造成不良影响。

（2）工作人员责任心不强，未严格执行换装规定，换表时未经客户确认电能表底度。

（3）日常管理存在疏漏，对工作人员服务行为监督不力，未及时发现工作人员在日常工作中的违规情况。

【考核处理】

根据《国网河南省电力公司供电服务“零容忍”考核实施意见》，对相关责任人做出以下考核处理：

（1）对责任人经济处罚 3000 元，待岗 6 个月，同时取消年度评先、晋升资格。

（2）对责任班组长经济处罚 2000 元，待岗 6 个月，同时取消年度评先、晋升资格。

（3）对责任部门分管负责人经济处罚 2000 元，全公司通报批评。

（4）对责任部门负责人经济处罚 1000 元，全公司通报批评。

（5）对责任部门分管领导经济处罚 1000 元。

【规避投诉要点】

开展换表乱收费问题排查，加大明察暗访力度，发现问题及时处理；加强换表环节监督，换表时现场核实表计示数，请客户签字确认，提前防控该类投诉。

案例 27　表计接错未发现，客户不满被投诉

【事件经过】

客户来电反映，供电公司工作人员将其表计线路和邻居家接错。

【调查结果】

经调查，客户反映情况属实，该地点户表改造工程结束后，台区管理人未及时现场核查验收，没有认真核对客户信息，导致这两户线路接错。

【违规条款】

违反《电能计量装置技术管理规程》，电能计量装置投运前应进行全面验收，对电能表接线正确性进行检查。

【暴露问题】

（1）户表轮换工程验收不严格，在验收过程中未能及时发现计量装置进出线接错。

（2）台区工作人员工作责任心不强，给客户造成经济损失。

【考核处理】

按照《国网河南省电力公司供电服务“零容忍”考核要求》，对相关责任人做出以下考核处理：

（1）对主要责任人经济处罚3000元，通报批评。

（2）对责任班组长经济处罚2000元。

（3）对负责部门分管负责人经济处罚1000元。

【规范投诉要点】

（1）加强竣工验收管理，验收后增设抽检复核环节，确保工程质量及验收质量。

（2）加强环节监督，设置装表接电客户现场签字确认单，请客户对户号及表计编号、底数等进行签字确认。

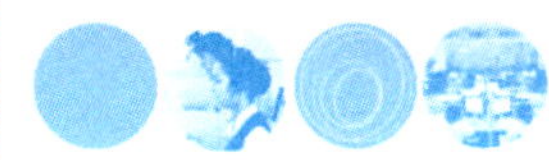

第五节　业 扩 报 装

案例 28　私自装表乱收费，适得其反难如愿

【事件经过】

客户来电反映，在申请新装电能表时工作人员向其收取 200 元费用，未按规定的收费项目收费，客户对此表示不满。

【调查结果】

客户投诉属实。客户反映电工私自收取客户费用情况确实存在，现已将钱退还给客户。

【违规条款】

（1）违反《国家电网公司员工服务行为“十个不准”》第一条：“不准违反政府部门批准的收费项目和标准向客户收费。”

（2）违反《国家电网公司供电服务规范》第五条第四款：“严格执行国家规定的电费电价政策及业务收费标准，

严禁利用各种方式和手段变相扩大收费范围或提高收费标准。”

【暴露问题】

工作人员违反规定标准乱收费，利用工作之便谋取不正当利益，损害了自身及供电公司形象。

【考核处理】

按照《关于国网河南省电力公司实施供电服务“零容忍”考核的通知》处理决定如下：

（1）对供电所电工经济处罚3000元，待岗3个月处理，同时取消年度评先、晋升资格。

（2）对供电所所长经济处罚2000元，并进行岗位调整，同时取消年度评先、晋升资格。

（3）对供电所副所长经济处罚2000元。

（4）对营销部主任经济处罚1000元。

（5）对责任部门分管领导经济处罚1000元。

【规避投诉要点】

加强业扩报装环节监督，开展乱收费问题排查和明察暗访工作，加大乱收费处罚力度，发现问题从严追究，杜绝乱收费现象。

案例 29　新装用电乱收费，处罚待岗零容忍

【事件经过】

客户来电反映，营业厅工作人员两次为客户办理新装电能表业务时，共向客户收取 1600 元新装电能表费，客户对此表示非常不满。

【调查结果】

客户投诉属实，已责令工作人员向客户赔礼道歉并退还违规收取的费用。

【违规条款】

（1）违反《国家电网公司员工服务行为“十个不准”》第一条：不准违反政府部门批准的收费项目和标准向客户收费。

（2）违反《国家电网公司供电服务规范》第五条第四款：“严格执行国家规定的电费电价政策及业务收费标准，严禁利用各种方式和手段变相扩大收费范围或提高收费标准。”

【暴露问题】

营业厅工作人员未严格执行国家规定的业务收费项目，变相扩大了收费范围；同时暴露了供电公司监督管控不到位，未及时发现供电服务隐患问题。

【考核处理】

按照《国网河南省电力公司供电服务“零容忍”考核实施意见》处理决定如下：

（1）对责任人经济处罚 3000 元，待岗 6 个月，同时取消年度评先、晋升资格。

（2）对责任班组长经济处罚 2000 元，调整岗位，同时取消年度评先、晋升资格。

（3）对责任部门分管负责人经济处罚 2000 元。

（4）对责任部门负责人经济处罚 1000 元。

（5）对责任部门分管领导经济处罚 1000 元。

【规避投诉要点】

（1）加强业扩报装环节监督，开展乱收费问题排查和明察暗访工作，加大乱收费处罚力度，发现问题从严追究，杜绝乱收费现象。

（2）强化业扩报装监督考核评价，对报装时向客户乱收费的行为，严格按照“零容忍”规定追究责任。

案例 30　新装用电乱收费，情节严重遭投诉

【事件经过】

客户来电反映，工作人员在受理其申请新装用电时，私自收取单相电能表 300 ~ 500 元，三相电能表 500 ~ 1000 元且居民用电电价按 0.9 元/（kW · h）收取。电工将村中其他村民电量多抄 2000 多度。客户表示非常不满。

【调查结果】

客户反映情况属实。现已责令工作人员将多收费用退还，针对因责任心不强造成的错抄电量问题向客户道歉，与客户协商将多抄电费抵扣后期电费。

【违规条款】

（1）违反《国家电网公司供电服务规范》第五条第四款："严格执行国家规定的电费电价政策及业务收费标准，严禁利用各种方式和手段变相扩大收费范围或提高收费标准。"

（2）违反《国家电网公司电费抄核收管理规则》第三章第十四条："严格按规定的抄表周期和抄表例日准确抄录

客户用电计量装置记录的数据。严禁违章抄表作业，不得估抄、漏抄、代抄。确因特殊情况不能按期抄表的，应及时采取补抄措施。”

【暴露问题】

(1) 供电公司疏于日常抄表复核管理工作，未有效确保抄表准确性，应健全工作机制，提升供电客户服务水平。

(2) 工作人员工作违规，违反国家规定标准收取费用，给供电企业公平、诚信的形象造成不良影响。

(3) 员工服务意识淡薄、工作责任心不强、规章制度执行不严，服务规范、工作标准、员工行为规范执行不到位。

(4) 供电公司日常管理存在疏漏，对员工服务行为监督不力，没有及时发现员工在日常工作中的违规情况。

【考核处理】

根据《国网河南省电力公司供电服务“零容忍”考核实施意见》处理决定如下：

(1) 对责任人经济处罚 3000 元，停职检查，待岗 6 个月。

(2) 对供电所所长经济处罚 2000 元。

(3) 对责任部门营销部分管负责人经济处罚 2000 元。

(4) 对营销部负责人经济处罚 1000 元。

(5) 对责任部门分管领导经济处罚 1000 元。

【规避投诉要点】

（1）建议开展新装乱收费问题排查，加大明察暗访力度，发现问题及时处理，提前防控该类投诉。

（2）严格贯彻落实抄核收管理规则要求，充分利用技术手段对抄表数据复核，对业务执行情况开展常态稽查检查工作，减少异常电量，确保抄表准确性。

案例 31　工作交接有遗漏，装表接电超时限

【事件经过】

2017 年 11 月 5 日客户来电反映，6 月 10 日申请居民新装，7 月 10 日领过电能表后，一直未装表接电。客户联系工作人员时，工作人员以忙为理由一直未处理，客户表示不满。

【调查结果】

客户反映情况属实。因供电所责任电工请假，交接工作时忘记此事，引发投诉。

【违规条款】

（1）违反《国家电网公司供电服务规范》第二章第四条第二款："真心实意为客户着想，尽量满足客户的合理要求。对客户的咨询、投诉等不推诿、不拒绝、不搪塞，及时、耐心、准确地给予解答。"

（2）违反《国家电网公司供电服务"十项承诺"》第六条的规定："装表接电期限：受电工程检验合格并办结相关手续后，居民客户 3 个工作日内送电，非居民客户 5 个

工作日内送电。”

【暴露问题】

（1）业扩报装流程执行不到位，流程管控不到位。

（2）基层工作人员在服务意识、工作态度、工作责任心等方面欠缺，没有做到真心实意为客户着想。

【考核处理】

根据《国网河南省电力公司供电服务“零容忍”考核要求》，对相关责任人做出以下考核处理：

（1）对主要责任人经济处罚3000元，待岗3个月，取消年度评先晋升资格。

（2）对供电所长经济处罚2000元。

（3）对责任部门分管负责人经济处罚2000元。

（4）对责任部门负责人经济处罚1000元。

（5）对责任单位分管领导经济处罚1000元。

【规避投诉要点】

（1）加强环节监督，各供电营业厅建立用户报装台账，指定专人每天对营业厅受理的每笔业务进行监督和检查，确保时限规定符合要求。

（2）对营业厅工作人员进行业务培训，重点学习《国网河南省电力公司“放管服”改革业扩报装工作提升方案》。

案例 32　互相推诿引投诉，首问负责最重要

【事件经过】

客户来电反映，到营业厅申请新装电能表时，工作人员让其找所长办理，所长让找班长办理，班长又让找营业厅办理，客户回到营业厅后工作人员仍然拒绝受理，造成客户重复往返，客户表示非常不满。

【调查结果】

客户反映情况属实，因客户居住在县城，申请装表地址为农村老房子，多年未用电且装表后不一定居住，工作人员告知客户如长期不用电会被停止供电，客户不相信此规定，工作人员便让客户咨询所长，所长向客户解释后又安排班长查询客户之前是否有户号，班长查询后告诉客户可去营业厅办理，营业厅人员不确定是否能办理又再次请示所长，引发客户投诉。

【违规条款】

（1）违反《国家电网公司供电服务规范》第二章第四条第二款：“真心实意为客户着想，尽量满足客户的合理要

求。对客户的咨询、投诉等不推诿、不拒绝、不搪塞，及时、耐心、准确地给予解答。”

（2）违反《国家电网公司业扩报装管理规则》第三章第六十七条：向客户提供营业厅柜台和自助、95598 电话、网站、手机客户端等业务办理渠道，实行“首问负责制”和“一次性告知”。

（3）违反《国家电网公司供电服务规范》第二章第四条第五款：“熟知本岗位的业务知识和相关技能，岗位操作规范、熟练，具有合格的专业技术水平。”

【暴露问题】

基层工作人员在业务技能、服务意识、工作态度、工作责任心等方面欠缺，没有做到真心实意为客户着想，急客户之所急，积极处理客户诉求，推诿怠慢引发投诉。

【考核处理】

根据《国家电网公司供电服务奖惩规定》，对相关责任人做出以下考核处理：

（1）对供电所工作人员经济处罚 1000 元，并通报批评。

（2）对供电所班长经济处罚 500 元，并通报批评。

（3）对供电所副所长经济处罚 500 元，并通报批评。

（4）对供电所所长经济处罚 500 元，并通报批评。

【规避投诉要点】

(1) 加强供电所人员业扩报装业务培训，避免不熟悉业务，“想当然”引发投诉。

(2) 提高服务意识，以客户为中心，多换位思考，想客户之所想，急客户之所急。

(3) 加强对服务推诿、业务不熟练窗口服务人员考核。

案例33　业扩报装装错表，加强监管更重要

【事件经过】

客户来电反映，到营业厅申请新装，当地电工给客户安装三块单相电能表充当三相电表，导致客户后期无法办理光伏发电业务，客户表示非常不满。

【调查结果】

客户反映情况属实，工作人员操作不规范导致投诉。现已责令工作人员重新为客户申请了三相电能表并装表接电为其办理光伏发电并网，解决客户问题。

【违规条款】

违反《国家电网公司供电服务规范》第二章第四条第五款："熟知本岗位的业务知识和相关技能，岗位操作规范、熟练，具有合格的专业技术水平。"

【暴露问题】

（1）业扩报装装表环节监管不到位。

（2）基层工作人员在业务技能、服务意识、工作态度、工作责任心等方面欠缺，没有做到真心实意为客户着想。

（3）规章制度执行不严、学习掌握不彻底，未真正使服务规范、工作标准和员工行为规范落实到实处。

【考核处理】

根据《国家电网公司供电服务奖惩规定》，对相关责任人做出以下考核处理：

（1）对主要责任人经济处罚500元，并通报批评。

（2）对次要责任人供电所长经济处罚300元，并通报批评。

【规避投诉要点】

（1）加强营业厅人员服务意识、业务技能培训，严格服务行为管控。

（2）加强业扩报装各环节监控，及时发现服务存在问题，并进行纠正。

案例 34　新装客户买材料，违规拖延不应当

【事件经过】

客户来电反映到当地营业厅申请新装电能表后，供电公司电工告知表上线、横担、启字架等设备都没有，需要客户自己购买，否则无法安装，客户表示非常不满。

【调查结果】

客户反映情况属实，客户申请新装用电后，因工作人员工作不规范，让客户自行购买材料且一直未装表接电，造成客户投诉，现已责令该电工及时为客户装表接电。

【违规条款】

（1）违反《国家电网公司供电服务规范》第二章第五条第四款："严格执行国家规定的电费电价政策及业务收费标准，严禁利用各种方式和手段变相扩大收费范围或提高收费标准。"

（2）违反《国家电网公司员工服务行为"十个不准"》第二条："不准违反政府部门批准的收费项目和标准向客户收费。"

（3）违反《国家电网公司员工服务行为“十个不准”》第十条：“不准利用岗位与工作之便谋取不正当利益。”

【暴露问题】

（1）业扩报装管理不规范、流程管控不到位。

（2）基层工作人员责任意识不强、业务技能欠缺，未严格按照业扩报装相关规定为客户办理业务。

【考核处理】

根据《国家电网公司供电服务奖惩规定》对相关责任人做出以下考核处理：

（1）对责任人经济处罚500元，并通报批评。

（2）对供电所所长经济处罚200元，并通报批评。

【规避投诉要点】

加强工作人员服务意识，提升工作责任心，增加新装环节处理与监督，严格按照报装要求进行装表接电，杜绝违规施工、乱收费的行为发生。

案例 35　装表长期未立户，电量异常惹投诉

【事件经过】

2017 年 9 月 28 日客户来电反映，2016 年 10 月工作人员为客户安装电能表，直到 2017 年 9 月才为其立户，导致该时间段未抄录电量，立户后测算电费突增，客户表示不满。

【调查结果】

经核查，客户反映情况属实。工作人员为客户装表接电后，未及时录入系统，也未抄录电量，直至立户后将客户所用电量一并抄录，造成电量突增，引发客户投诉。

【违规条款】

（1）违反《国家电网公司业扩报装管理规则》第三章第六十七条："业务办理应及时将相关信息录入营销业务系统。"

（2）违反《国家电网公司供电服务"十项承诺"》第六条："装表接电期限：受电工程检验合格并办结相关手续后，居民客户 3 个工作日内送电，非居民客户 5 个工作日内送电。”

（3）违反《国家电网公司供电服务规范》第二章第四条第二款：“真心实意为客户着想，尽量满足客户的合理需求。对客户的咨询、投诉等不推诿、不拒绝、不搪塞，及时、耐心、准确地给予解答。”

【暴露问题】

（1）业扩报装管理不规范，流程管控不到位。

（2）基层工作人员责任心不强、服务意识淡薄，装表后未及时在系统立户，造成电量异常、客户不满，影响电费回收。

【考核处理】

根据《国网河南省电力公司供电服务“零容忍”考核实施意见》，对相关责任人做出以下考核处理：

（1）对主要责任人经济处罚3000元，待岗3个月。

（2）对供电所所长经济处罚2000元。

（3）对营销部分管主任经济处罚1000元。

【规避投诉要点】

严格执行公司相关规章制度，对客户用电业务按时限要求办理，新装好及时在系统立户；严格管控业扩报装各环节工作时限，提高工作效率，不断完善业扩超时预警机制，防止环节超时现象发生。

案例 36　装表拖延乱收费，情节严重遭投诉

【事件经过】

客户来电反映，当地电工在受理客户新装业务时要求客户交纳 700 元电表费，存在乱收费的情况且该工作人员表示如不交费，就不给其新装电能表，客户表示非常不满。

【调查结果】

经核查，客户反映情况属实。工作人员新装电能表时向客户索要施工费，引发客户投诉，现已为客户装表接电，解决客户问题。

【违反条款】

（1）违反《国家电网公司供电服务规范》第五条第四款："严格执行国家规定的电费电价政策及业务收费标准，严禁利用各种方式和手段变相扩大收费范围或提高收费标准。"

（2）违反了《国家电网公司员工服务行为"十个不准"》第二条："不准违反政府部门批准的收费项目和收费

标准向客户收费。”

（3）违反《国家电网公司供电服务规范》第二章第四条第二款：“真心实意为客户着想，尽量满足客户的合理需求。对客户的咨询、投诉等不推诿、不拒绝、不搪塞，及时、耐心、准确地给予解答。”

【暴露问题】

（1）工作违规，违反国家规定标准收取费用，给供电企业公平、公信的形象造成不良影响。

（2）供电所日常管理存在疏漏，对员工服务行为监督不力，未及时发现员工日常工作中的违规情况。

【考核处理】

按照《国网河南省供电公司供电服务“零容忍”奖惩规定》，对相关责任人做出以下考核处理：

（1）对主要责任人经济处罚3000元，待岗1个月，取消年终评先资格，并在公司范围内通报批评。

（2）对次要责任人经济处罚2000元，取消年终评先资格。

（3）对责任部门分管负责人经济处罚2000元，取消年终评先资格。

（4）对责任部门负责人经济处罚1000元，通报批评。

（5）对责任部门分管领导经济处罚1000元。

【规避投诉要点】

开展乱收费问题排查，加大明察暗访力度，发现问题及时处理，提前防控该类投诉。

案例37　新装业务乱收费，利用工作谋私利

【事件经过】

客户来电反映，申请办理380V新装用电时，供电所工作人员向客户收取施工材料费300元，存在私立收费项目的情况且未提供收据，客户表示不满。

【调查结果】

经调查，客户反映情况属实。工作人员收取客户施工材料费用300元且未开具发票。

【违反条款】

（1）违反《国家电网公司员工服务行为“十个不准”》第10条：“不准利用岗位与工作之便谋取不正当利益。”

（2）违反《国家电网公司供电服务规范》第五条第四款：“严格执行国家规定的电费电价政策及业务收费标准，严禁利用各种方式和手段变相扩大收费范围或提高收费标准。”

【暴露问题】

（1）基层工作人员对相关政策理解不到位，存在违规

收费行为。

（2）供电所日常管理存在疏漏，对员工服务行为监督不力。

【考核处理】

按照《国网河南省供电公司供电服务“零容忍”奖惩规定》，对相关责任人做出以下考核处理：

（1）对主要责任人经济处罚 3000 元，待岗 1 个月，取消年终评先资格，并在公司范围内通报批评。

（2）对次要责任人经济处罚 2000 元，取消年终评先资格。

（3）对责任部门分管负责人经济处罚 2000 元，取消年终评先资格。

（4）对责任部门负责人经济处罚 1000 元，通报批评。

（5）对责任部门分管领导经济处罚 1000 元。

【规避投诉要点】

（1）建议开展乱收费问题排查，加大明察暗访力度，发现问题及时处理，提前防控该类投诉。

（2）加强基层管理人员职业道德培训，培养高度的自觉规范、廉洁自律意识，利用外部监督和内部监督相结合，降低违规收费事件发生概率。

案例 38　业扩报装超时限，推诿怠慢不应当

【事件经过】

客户反映在申请新装电能表业务后，资料已准备好，但工作人员长时间未到现场处理。

【调查结果】

经调查，客户反映情况属实。客户于 3 月 12 日到供电营业厅办理新装电能表业务，营业厅人员 3 月 31 日才发起业扩流程。4 月 2 日，客户到营业厅咨询装表时间，营业厅工作人员告知客户，会通知辖区电工为其安装，4 月 3 日，客户再次到营业厅催办，供电所再次推诿，导致客户不满投诉。

【违规条款】

（1）违反《国家电网员工服务行为“十个不准”》第五条：“不准违反首问负责制，推诿、搪塞、怠慢客户。”

（2）违反《国家电网公司供电服务规范》第二章第四条第五款：“熟知本岗位的业务知识和相关技能，岗位操作规范、熟练，具有合格的专业技术水平。”

（3）违反《国家电网公司供电服务“十项承诺”》第六条的规定：“装表接电期限：受电工程检验合格并办结相关手续后，居民客户3个工作日内送电，非居民客户5个工作日内送电。”

【暴露问题】

（1）工作人员在受理业扩报装申请时，责任心不强，未严格按照时限要求办理，造成业扩报装超时限及业扩体外循环。

（2）供电所业扩管理不规范，流程管理不到位。

【考核处理】

按照《国网河南省供电公司供电服务“零容忍”奖惩规定》，对相关责任人做出以下考核处理：

（1）对主要责任人予以经济处罚3000元，待岗3个月并调离原工作岗位，全公司通报批评。

（2）对责任班组长予以经济处罚2000元，调整工作岗位，全公司通报批评。

（3）对责任部门分管主任予以经济处罚2000元。

（4）对责任部门负责人予以经济处罚1000元。

（5）对责任单位分管负责人予以经济处罚1000元。

【规避投诉要点】

（1）加强业扩时限监控和环节监督，确保符合时限要求。

（2）加强对营业厅工作人员业务培训，重点学习《国网河南省电力公司“放管服”改革业扩报装工作提升方案》。

第六节　电价电费

案例39　电价错误乱收费，问题严重被投诉

【事件经过】

客户来电反映，供电所人员按0.7元/（kW·h）收取客户居民电费且未提供发票，同时客户表示换电能表时工作人员收取每户200～300元费用，并告知不交钱不换电能表且停电，客户对此表示非常不满。

【调查结果】

客户反映情况均属实，现已责令工作人员向客户致歉，将多收费用退还客户，并督促电工严格执行业务收费标准，按时提供收费发票。

【违规条款】

违反《国家电网公司供电服务规范》第五条第四款："严格执行国家规定的电价电费政策及业务收费标准，严禁利用各种方式和手段变相扩大收费范围或提高收费标准。"

【暴露问题】

（1）工作违规，违反国家规定标准收取费用，给供电企业公平、公信的形象造成不良影响。

（2）基层供电所管理存在疏漏，对农电工收费行为监督不力，未及时发现电工的违规行为，造成客户投诉。

【考核处理】

根据《国网河南省电力公司供电服务“零容忍”考核实施意见》对相关责任人做出以下考核处理：

（1）对主要责任人经济处罚3000元，待岗3个月，取消年度评先、晋升资格，并通报批评。

（2）对次要责任人经济处罚2000元，调整岗位，同时取消年度评先、晋升资格。

（3）对责任部门分管负责人经济处罚2000元。

（4）对责任部门负责人经济处罚1000元。

（5）对责任部门分管领导经济处罚1000元。

【规避投诉要点】

（1）加强对基层员工的学习培训，制作乱收费处罚专题案例课件，重点对引发投诉的员工进行专门的培训警示。

（2）针对电费发票发放环节，应制定具体操作流程，增加有效的监督管控措施，客户交费后根据客户需求及时开具相应的电费发票，减少投诉事件的发生。

案例 40　电价错误且销户，问题严重遭投诉

【事件经过】

2017 年 8 月客户来电反映，2016 年 8 月该地区进行户表轮换，换表前客户有两块电能表，分别执行居民及商业电价，但换表后客户原居民用电能表改为商业电价，商业用电能表被销户。客户曾分别找两位供电公司人员核实，均未及时处理，后向供电所所长反映，但至今一个月仍未得到处理。客户表示不满。

【调查结果】

客户反映情况属实。2016 年 8 月电工对所在台区进行智能电能表更换后，因台区电工提供换表手续有误，工作人员录入营销系统时未再次核对确认，造成客户居民用电能表计信息录入错误，商业表计被销户。客户反映问题后，工作人员未及时妥善处理，造成客户不满，引发投诉。

【违反条款】

（1）违反《国家电网公司供电服务规范》第四条第五

款："熟知本岗位的业务知识和相关技能，岗位操作规范、熟练，具有合格的专业技术水平。"

（2）违反《国家电网公司供电服务规范》第二章第四条第二款："真心实意为客户着想，尽量满足客户的合理需求。对客户的咨询、投诉等不推诿、不拒绝、不搪塞，及时、耐心、准确地给予解答。"

【暴露问题】

（1）工作人员责任心不强，服务意识淡薄，换表后未核对客户用电性质是否正确，在客户提出质疑、咨询后，工作人员核实后，仍未及时纠正错误、怠慢客户，引发投诉。

（2）供电服务过程监督管理不到位，未能及时发现工作中的问题，未能对客户反映的问题做到及时、有效、准确地解决。

【考核处理】

根据《国网河南省电力公司供电服务"零容忍"考核实施意见》，对相关责任人做出以下考核处理：

（1）对主要责任人经济处罚3000元，待岗1个月，取消年终评先资格，并在公司范围内通报批评。

（2）对供电所负责人经济处罚2000元。

（3）对营销部主任经济处罚1000元。

【规避投诉要点】

加强工作人员的日常监管工作，按照客户用电类别严格执行相应的电价标准，对电价异常的客户要及时核对、修改；对轮换户表工作要增加有效监督管控措施，制定具体操作流程，避免投诉。

第二章 服务类投诉

第一节　服务行为

案例 41　欠费停电应守则，服务意识需提高

【事件经过】

客户来电反映，电工把家中电停了且服务态度恶劣，言语中包含辱骂行为。

【调查结果】

经调查，客户反映情况属实。该客户为费控用户，2017 年 1 月 24 日因欠费系统自动实施停电失败，管辖电工到现场对其实施停电，但并未有辱骂客户的情况。因电工在实施停电过程中未将停电原因提前与客户解释清楚，客户认为工作人员态度强硬不讲情面。

【违反条款】

（1）违反《供电营业规则》第六十七条："停电前三天至七天内，将停电通知书送达用户，对重要用户停电，应将停电通知报送同级管理部门；在停电前 30 分钟，将停

电时间再通知用户一次，方可在规定时间实施停电。”

（2）违反《国家电网供电服务“十项承诺”》第三条：“对欠费客户依法采取停电措施，提前7天送达停电通知书，费用结清后24小时恢复供电”。

【暴露问题】

工作人员服务意识淡薄，认为其欠费停电属于正常工作便不需要向客户解释，未按正确停电流程实施停电。

【考核处理】

按照《国网河南省电力公司供电服务“零容忍”奖惩规定》，对相关责任人做出以下考核处理：

（1）对主要责任人经济处罚3000元，待岗3个月。

（2）对责任班组长经济处罚2000元，通报批评。

（3）对营销部分管主任经济处罚1000元。

（4）对营销部负责人经济处罚1000元。

【规避投诉要点】

（1）针对服务态度问题，基层人员应提高服务风险防范意识。

（2）按照省公司“不停电催费”工作规定进行电费催缴，对确需实施停电催费的欠费客户，应严格按照停电审批流程实施停电。

（3）加强用电采集系统运维，提升费控执行成功率。

案例 42 更换电杆超时限，承诺客户未兑现

【事件经过】

供电公司人员答应客户 2018 年 5 月之前完成更换电杆问题，但未在承诺时限完成，存在违诺问题。

【调查结果】

经调查，客户反映情况属实。客户在 2018 年 1 月 23 日反映电杆问题，台区负责人答复客户因更换电杆需上报计划，备料时间长，预计于 2018 年 4 月 30 日完成，但实际未在期限内给客户解决问题。

【违规条款】

（1）违反《国家电网公司供电服务规范》第二章第四条第二款："真心实意为客户着想，尽量满足客户的合理要求。"

（2）违反《国家电网公司员工服务行为"十个不准"》第五条："不准违反首问负责制，推诿、搪塞、怠慢客户。"

【暴露问题】

台区负责人责任意识不强，未在约定期限内解决客户

问题，并且未与客户联系及时告知解释。

【考核处理】

按照《国家电网公司供电服务奖惩规定》，对相关责任人予以通报批评，经济处罚 1000 元。

【规避投诉要点】

（1）对客户的每一个诉求要放在工作首要位置，对个人无法解决的工作，要向领导及时报备。

（2）了解客户用意，帮助客户解决问题，不要因一些小麻烦，内部协同问题延误处理时间。

（3）及时与客户保持联系，从客户角度考虑问题，减少服务类投诉的发生。

案例 43 收费项目解释清，接受吃请不应当

【事件经过】

客户来电反映申请光伏业务，设备安装完毕迟迟没有接电，供电所工作人员及台区三位电工向客户索要 200 元接线费，同时接受客户吃请。

【调查结果】

经调查，客户反映情况属实。供电公司竣工验收时发现客户光伏设备计量箱内部保护开关、拟接火电源点至光伏计量箱电缆等设备还未安装到位，不具备并网条件。工作人员告知客户需要购买下线附件及更换开关，大约 200 元左右，客户误认为接线费为 200 元。验收结束后正值中午，在客户一再要求下，接受了客户的吃请。

【违规条款】

（1）违反《国家电网公司员工服务行为“十个不准”》第二条：“不准违反政府部门批准的收费项目和收费标准向客户收费。”

（2）违反《国家电网公司员工服务行为“十个不准”》

第九条："不准接受客户吃请和收受客户礼品、礼金、有价证券等。"

【暴露问题】

（1）工作人员服务行为违规，违反《国家电网公司员工服务行为"十个不准"》，给供电企业公平、公信的形象造成不良影响。

（2）供电所日常管理存在疏漏，对员工廉政风险教育不到位，对员工服务行为监督不力，未及时发现员工在日常工作中的违规情况。

【考核处理】

按照《国家电网公司供电服务奖惩规定》处理决定如下：

（1）对主要责任人经济处罚 1000 元，通报批评。

（2）对供电所所长经济处罚 500 元，通报批评。

（3）对营销部分管主任经济处罚 300 元，通报批评。

（4）对营销部主任通报批评。

【规避投诉要点】

（1）建议开展乱收费问题排查，加大明察暗访力度，发现问题及时处理，提前防控该类投诉。

（2）加强基层管理人员职业道德培训，培养高度的自觉规范、廉洁自律意识，利用外部监督和内部监督相结合，降低违规收费、接受客户吃请等违规事件的发生概率。

第二节 服务渠道

案例44 打印清单遭推诿，客户不满惹投诉

【事件经过】

客户来电反映，当日15时左右到营业厅打印电费明细时，工作人员告知客户“不给打印清单”，存在推诿情况，客户表示不满。

【调查结果】

客户投诉属实，因营业厅工作人员对打印清单明细的操作不熟悉，业务办理中确实存在推诿情况，引发客户投诉。

【违规条款】

（1）违反《国家电网公司供电服务规范》第二章第四条第五款：“熟知本岗位的业务知识和相关技能，岗位操作规范、熟练，具有合格的专业技术水平。”

（2）违反《国家电网员工服务行为“十个不准”》第

五条："不准违反首问负责制，推诿、搪塞、怠慢客户。"

（3）违反《国家电网公司供电服务规范》第二章第四条第二款："真心实意为客户着想，尽量满足客户的合理要求。对客户的咨询、投诉等不推诿、不拒绝、不搪塞，及时、耐心、准确地给予解答。"

【暴露问题】

工作人员规章制度执行不严，学习掌握不彻底，在服务意识、工作态度、工作责任心等方面有待提升。

【考核处理】

按照《国网河南省电力公司供电服务"零容忍"考核实施意见》处理决定如下：

（1）对主要责任人经济处罚3000元，待岗3个月，同时取消年度评先、晋升资格。

（2）对责任班组长经济处罚2000元，调整岗位，同时取消年度评先、晋升资格。

【规避投诉要点】

（1）强化人员责任心，提高服务意识，真正使服务规范、工作标准和员工行为规范落到实处。

（2）加强人员业务技能培训，提升工作人员服务水平。

案例 45 收费连续出错误，工作失职被投诉

【事件经过】

客户来电反映，当日携带购电卡前往营业厅交 100 元电费，工作人员错将其电费交到其他客户的账户上，又再次向客户收取 50 元电费，但只给其账户交费 20 元，剩余 30 元未入账，客户表示非常不满。

【调查结果】

客户投诉属实，工作人员错交电费后未及时退补，而且再次收费后，又未按实际收取金额录入系统，引发客户不满，造成投诉。现已责令工作人员将多收费用退回，并向客户道歉。

【违规条款】

（1）违反《国家电网公司供电服务规范》第二章第四条第五款：“熟知本岗位的业务知识和相关技能，岗位操作规范、熟练，具有合格的专业技术水平。”

（2）违反《国家电网公司抄核收管理规则》第五章第三十九条：“采用柜台收费（坐收）方式时，应核对户号、

户名、地址等信息，告知客户电费金额及收费明细，避免错收。”

【暴露问题】

（1）工作人员责任心不强，工作疏忽大意，对于客户的信息未做到准确核对，导致工作失误。

（2）工作人员服务不规范，未准确、及时将客户电费录入系统，造成负面影响。

【考核处理】

按照《国网河南省电力公司供电服务“零容忍”考核实施意见》处理决定如下：

（1）对主要责任人给予经济处罚 3000 元，待岗 3 个月，同时取消年度评先、晋升资格，并通报批评。

（2）对该供电所书记给予经济处罚 2000 元，并通报批评。

（3）对公司营销部主任给予经济处罚 1000 元，并通报批评。

【规避投诉要点】

（1）收费时应认真核对户号、户名、地址等信息，告知客户电费金额及收费明细，避免错收。

（2）定期组织开展培训，加强人员责任心，规范服务行为，严格执行公司电费收取相关制度，提升客户满意度。

案例 46　业务不熟又推诿，客户不满惹投诉

【事件经过】

客户来电反映，2017 年 4 月 27、28 日两次到当地供电营业厅刷卡交费，工作人员均告知收费人员生病请假，无法为客户服务，造成其重复往返，客户表示非常不满。

【调查结果】

客户投诉属实，4 月 27 日收费人员生病住院，当日值班人员对此项业务不熟悉，告知客户 28 日再来。4 月 28 日，客户再次到营业厅办理此项业务，又一名工作人员告知客户自己不会，无法为客户提供服务，导致客户重复往返，引发投诉。

【违规条款】

（1）违反《国家电网员工服务行为“十个不准”》第五条：“不准违反首问负责制，推诿、搪塞、怠慢客户。”

（2）违反《国家电网公司供电服务规范》第二章第四条第五款：“熟知本岗位的业务知识和相关技能，岗位操作规范、熟练，具有合格的专业技术水平。”

【暴露问题】

（1）营业厅工作人员业务不熟练，缺乏应有的责任心与主动服务意识，推诿、搪塞客户，造成客户重复往返。

（2）营业厅管理不规范，缺乏人员工作替补制度，未及时解决客户诉求。

【考核处理】

按照《国网河南省电力公司供电服务“零容忍”考核实施意见》处理决定如下：

（1）对责任人给予经济处罚 3000 元，并予以待岗 3 个月处理，同时取消年度评先、晋升资格。

（2）对供电所所长给予经济处罚 2000 元。

（3）对营销部综合室副主管、主管分别给予经济处罚 1000 元。

【规避投诉要点】

（1）提高营业厅工作人员责任意识，切实提升营业厅人员的业务素质，严禁推诿拒绝，造成客户重复往返。

（2）加强营业厅管理，强化营业厅工作人员培训，提升业务技能水平，完善人员工作替补制度，及时解决客户诉求。

案例 47 工作时间不按时，拒绝收费惹投诉

【事件经过】

客户于当日 9 时到营业厅交电费时，营业厅无人营业，之后工作人员上班后又告知客户："今日不能交电费"，客户表示不满。

【调查结果】

客户投诉属实，工作人员未按规定时间正常营业，同时因业务不熟练、责任心不强拒收客户电费，引发投诉。

【违规条款】

（1）违反《国家电网公司供电服务规范》第三章第十一条第一款："营业厅人员必须准点上岗，做好营业前的各项准备工作"。

（2）违反《国家电网公司供电服务规范》第二章第四条第二款："真心实意为客户着想，尽量满足客户的合理需求。对客户的咨询、投诉等不推诿、不拒绝、不搪塞，及时、耐心、准确地给予解答。"

【暴露问题】

（1）窗口服务人员责任意识及服务意识不强，工作时间擅自脱岗。

（2）营业厅值班管理不到位，未严格按照对外公示的营业时间营业。

（3）营业厅培训不到位，工作人员业务不熟，对规章制度学习掌握不彻底，缺乏岗位技能，未使服务规范、工作标准和员工行为规范落到实处。

【考核处理】

按照《国网河南省电力公司供电服务“零容忍”考核实施意见》处理决定如下：

（1）对主要责任人给予经济处罚 3000 元，待岗 3 个月，并取消年度评先、晋升资格。

（2）对次要责任人（供电所副所长）给予经济处罚 2000 元，调整岗位，并取消年度评先、晋升资格。

（3）对次要责任人（供电所所长）给予经济处罚 1000 元，并通报批评。

【规避投诉要点】

（1）加强营业厅监控，特别针对关键时间点进行重点关注，加强人员值班管理，严格要求营业厅工作人员按照对外公示的营业时间营业。

（2）加强营业厅人员上岗培训工作，培训合格、具备岗位技能才可上岗，避免因业务不熟练引发投诉。

案例48　解答咨询欠考虑，遭受投诉教训深

【事件经过】

客户来电反映到营业厅咨询电费发票问题时，工作人员服务态度差，对客户拍桌子，客户表示非常不满。

【调查结果】

客户投诉属实，客户到营业厅咨询电费问题时，工作人员缺乏耐心、服务态度差，对客户拍桌子，引发投诉。

【违规条款】

违反《国家电网公司供电服务规范》第二章第四条第二款："真心实意为客户着想，尽量满足客户的合理需求。对客户的咨询、投诉等不推诿、不拒绝、不搪塞，及时、耐心、准确地给予解答。"

【暴露问题】

（1）营业厅工作人员服务意识淡薄，言行随意，沟通时缺乏耐心，给客户造成不良感受。

（2）营业厅管理不规范，规章制度执行不严，学习掌握不彻底，未真正使服务规范，工作标准和员工行为规范未落到实处；突发事件应急处置不到位，对营业厅现场服务不规范行为未及时发现并制止，采取补救措施。

【考核处理】

根据《国网河南省电力公司供电服务“零容忍”考核实施意见》处理决定如下：

（1）对当日营业厅工作人员经济处罚3000元。

（2）对班组负责人经济处罚2000元，并进行全公司通报批评。

【规避投诉要点】

加强营业厅窗口服务管理，提升人员服务意识，开展服务投诉培训，加强营业厅现场服务巡视，防控人员服务态度类投诉事件的发生。

案例49　违规收取保证金，客户不满惹投诉

【事件经过】

客户来电反映，到营业厅申请农业灌溉用电时，营业所所长向其收取500元保证金，但经系统查询无此笔费用且只提供给客户一个手写收据，显示为保证金字样，未加盖公章，客户表示非常不满。

【调查结果】

客户投诉属实，营业所所长存在收取灌溉用电保证金情况，现已责令工作人员将该费用退还客户。

【违规条款】

（1）违反《国家电网公司员工服务行为“十个不准”》第一条：不准违反政府部门批准的收费项目和标准向客户收费。

（2）违反《国家电网公司供电服务规范》第五条第四款：“严格执行国家规定的电费电价政策及业务收费标准，严禁利用各种方式和手段变相扩大收费范围或提高收费标准。”

【暴露问题】

供电所所长自立收费项目收取保证金，未严格执行国家收费政策，未履行基层管理人员基本职责，缺乏供电公司员工应有的基本职业道德。

【考核处理】

按照《国网河南省电力公司供电服务“零容忍”考核实施意见》处理决定如下：

（1）对责任人经济处罚 3000 元、待岗 3 个月，并通报批评。

（2）对责任班组长经济处罚 2000 元，并通报批评。

（3）对责任部门分管负责人经济处罚 2000 元。

（4）对责任部门负责人经济处罚 1000 元。

【规避投诉要点】

（1）开展乱收费问题排查，加大明察暗访力度，发现问题及时处理，提前防控该类投诉。

（2）加强工作人员责任心，加大外部监督和内部管控，避免发生违规收费现象。

案例 50　私自收费不规范，客户不满引投诉

【事件经过】

客户来电反映，到当地营业厅申请浇地用电电能表时，营业厅工作人员向其收取 1000 元临时用电接电费，客户表示不满。

【调查结果】

客户投诉属实。因工作人员业务不熟，未严格执行营销部下发的临时用电不收费通知，引发客户投诉。

【违规条款】

（1）违反《国家电网公司员工服务行为“十个不准”》第二条：“不准违反政府部门批准的收费项目和收费标准向客户收费。”

（2）违反《国家电网公司供电服务“十项承诺”》第四条：“严格执行价格主管部门制定的电价和收费政策，及时在供电营业场所和网站公开电价、收费标准和服务程序。”

【暴露问题】

（1）营业厅业务培训不到位，相关政策宣贯不及时，未真正将收费政策落实到位。

（2）营业厅日常监管不严，未及时发现工作人员乱收费行为。

（3）临时用电管理存在漏洞，对业扩流程、营业普查、收费标准监管不力。

【考核处理】

按照《国家电网公司供电服务奖惩规定》处理决定如下：

（1）对主要责任人给予经济处罚1000元。

（2）对责任班组长给予经济处罚500元。

【规避投诉要点】

（1）加大对工作人员的业务培训，及时进行政策宣贯，确保政策执行到位。

（2）加大对乱收费的明察暗访力度，发现问题及时处理，避免该类投诉的发生。

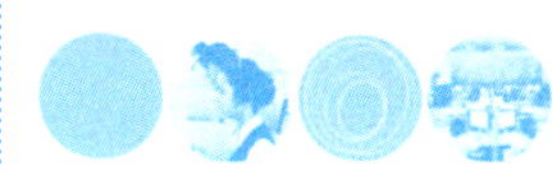

案例 51　更改电价遭推诿，客户不满惹投诉

【事件经过】

客户来电反映，到营业厅申请更改电价时，工作人员让找台区经理处理，台区经理让找营业厅工作人员处理，客户表示不满。

【调查结果】

客户反映情况属实。客户应执行农业生产电价，因台区经理失误将客户农业生产电价执行为居民电价，在客户申请更改电价时，台区经理与营业厅工作人员存在推诿情况。

【违反条款】

（1）违反《国家电网公司供电服务规范》第二章第四条第二款："真心实意为客户着想，尽量满足客户的合理需求。对客户的咨询、投诉等不推诿、不拒绝、不搪塞，及时、耐心、准确地给予解答。"

（2）违反《国家电网员工服务行为"十个不准"》第五条："不准违反首问负责制，推诿、搪塞、怠慢客户。"

【暴露问题】

（1）在对客户办理更改电价的服务过程中，工作人员责任心不强，服务意识欠缺，未做到真心实意为客户着想，尽快解决客户问题。

（2）规章制度执行不严、学习掌握不彻底，未真正使服务规范、工作标准和员工行为规范落到实处。

【考核处理】

根据《国网河南省电力公司供电服务“零容忍”考核实施意见》，对相关责任人做出以下考核处理：

（1）对主要责任人台区经理经济处罚3000元，待岗6个月，取消年度评先、晋升资格。

（2）对次要责任人配电班班长经济处罚2000元，调整岗位，取消年度评先、晋升资格。

【规避投诉要点】

加强窗口人员的服务监督管理，严格执行首问负责制，及时处理客户诉求。

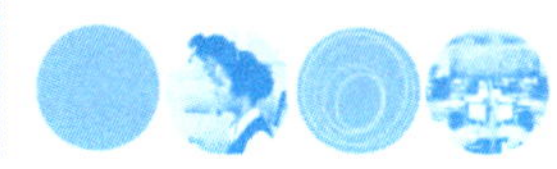

案例 52　新装业务被推诿，遭受投诉教训深

【事件经过】

客户来电反映，办理新装业务时营业厅人员拒绝受理，告知客户找电工处理，但电工以工作忙为由多次拒绝受理，客户表示非常不满。

【调查结果】

客户反映情况属实，责任电工由于工作疏忽大意，并且对客户推诿搪塞，未及时为其办理新装手续，引发客户投诉。

【违反条款】

（1）违反《国家电网公司供电服务规范》第二章第四条第二款："真心实意为客户着想，尽量满足客户的合理需求。对客户的咨询、投诉等不推诿、不拒绝、不搪塞，及时、耐心、准确地给予解答。"

（2）违反《国家电网员工服务行为"十个不准"》第五条："不准违反首问负责制，推诿、搪塞、怠慢客户。"

（3）违反《国家电网供电服务规范》第三章第十一条第二款："实行首问负责制。无论办理业务是否对口，对接人员都要认真倾听、热心引导、快速衔接，并为客户提供准确的联系人和联系方式。”

【暴露问题】

（1）营业厅工作人员服务意识淡薄，未能做到“想客户所想，急客户所急”，言行随意，给客户造成不良感受。

（2）营业厅工作人员缺乏应有的责任心与主动服务意识，造成客户重复往返。

（3）营业厅管理不规范，对工作人员违规行为未能有效监管，营业厅没有发挥应有的服务窗口作用。

【考核处理】

根据《国网河南省电力公司供电服务“零容忍”考核要求》，对责任人给予以下处罚：

（1）对主要责任人经济处罚3000元，全公司通报批评并待岗3个月处理。

（2）对该供电所业扩班长经济处罚2000元，全公司通报批评处理。

【规避投诉要点】

（1）加强营业厅人员、农电用工服务行为监督，严格落实首问负责制。

（2）开展服务规范、典型服务案例培训，提高基层人员服务风险防范意识。

案例 53　工作推诿不应当，服务推诿引不满

【事件经过】

客户来电反映，到营业厅办理预留联系电话更改业务时，工作人员以“需要负责客户所在区域的电工同意才能更改”为由拒绝受理，客户对此表示不满。

【调查结果】

客户反映情况确实存在，营业厅工作人员存在拒绝、推诿情况，引发投诉。

【违规条款】

（1）违反《国家电网公司供电服务规范》第二章第四条第二款：“真心实意为客户着想，尽量满足客户的合理需求。对客户的咨询、投诉等不推诿、不拒绝、不搪塞，及时、耐心、准确地给予解答。”

（2）违反《国家电网员工服务行为“十个不准”》第五条：“不准违反首问负责制，推诿、搪塞、怠慢客户。”

【暴露问题】

（1）工作人员责任心不强，服务意识欠缺，推诿、搪塞、怠慢客户。

（2）工作人员履职不当，工作期间未能认真完成工作。

【考核处理】

根据《国网河南省电力公司供电服务“零容忍”考核实施意见》对相关责任人做出以下考核处理：

（1）对责任人经济处罚3000元，待岗3个月，同时取消年度评先、晋升资格。

（2）对供电所所长经济处罚2000元，并通报批评。

（3）对供电所营业厅大堂经理经济处罚1000元，并通报批评。

【规避投诉要点】

（1）制作营业厅服务推诿专题案例课件，对工作人员进行培训警示。

（2）加强营业厅主管对营业厅工作人员的服务行为监督和日常巡视工作。

案例 54　工作能力要提升，客户沟通应耐心

【事件经过】

客户来电反映，当日 15 时左右到当地营业厅办理更名业务时，工作人员告知客户："办理更名很麻烦，目前办不了，并称办理此业务的工作人员已经下班，经查询营业厅营业时间为 9:00～17:00，客户对此表示非常不满。"

【调查结果】

客户反映情况确实存在，因当天下午办理变更业务工作人员去参加培训学习，接待客户的工作人员对此项业务不熟悉且对待客户的服务态度不热情，与客户沟通时没有耐心，造成投诉。

现客户需要办理更名的业务已办理完毕，通过与客户沟通解释，客户对处理结果表示满意。

【违规条款】

(1) 违反《国家电网公司员工服务行为"十个不准"》第五条："不准违反首问负责制，推诿、搪塞、怠慢客户。”

（2）违反《国家电网公司供电服务规范》第二章第四条第二款：“真心实意为客户着想，尽量满足客户的合理需求。对客户的咨询、投诉等不推诿、不拒绝、不搪塞，及时、耐心、准确地给予解答。”

【暴露问题】

（1）工作人员责任心不强，未履行首问负责制，服务意识、沟通技巧欠缺。

（2）营业厅排班安排不合理，关键岗位没有安排岗位替补人员，影响客户业务办理。

【考核处理】

根据《国网河南省电力公司供电服务“零容忍”考核实施意见》对相关责任人做出以下考核处理：

（1）对主要责任人经济处罚3000元，待岗6个月，并通报批评。

（2）对次要责任人经济处罚2000元，并通报批评。

【规避投诉要点】

（1）完善营业人员的服务行为规范，增强对业务知识的学习、培训、考核，定期组织全体营业人员对工作中遇到的问题进行归纳总结，全面提升业务水平与工作能力。

（2）工作现场要保持和客户良好的沟通，遇到暂时不能解决的问题，要严格执行首问负责制，帮助客户联系相关人员为客户处理，并约定解决时间，避免因服务推诿造成客户投诉。

案例 55 营业厅拒收现金，违规行为惹投诉

【事件经过】

客户来电反映，到当地营业厅交费时，工作人员告知下午不收现金，只能刷卡，客户表示非常不满。

【调查结果】

客户反映情况属实。因工作人员拒收巨额现金，告知客户到附近银行交费，引发投诉。

【违规条款】

（1）违反《国家电网员工服务行为“十个不准”》第五条：“不准违反首问负责制，推诿、搪塞、怠慢客户。”

（2）违反《国家电网公司供电服务规范》第二章第四条第二款：“真心实意为客户着想，尽量满足客户的合理需求。对客户的咨询、投诉等不推诿、不拒绝、不搪塞，及时、耐心、准确地给予解答。”

【暴露问题】

（1）工作人员责任心不强，服务意识淡薄，存在拒绝

为客户办理收费业务情况。

（2）营业厅收费管理不到位，对工作人员拒收电费服务行为监管不力。

【考核处理】

根据《国网河南省电力公司供电服务“零容忍”考核实施意见》，对相关责任人做出以下考核处理：

（1）对主要责任人经济处罚3000元，待岗3个月，并通报批评。

（2）对班组责任人经济处罚2000元，并通报批评。

【规避投诉的要点】

（1）加强营业厅工作巡视，发现供电服务问题及时提醒纠正，避免引发投诉。

（2）对在办理业务中推脱，拒绝受理的营业员，给予经济处罚，提升营业厅整体的服务水平及工作人员责任心。

案例 56　工作人员擅离岗，加强监督避投诉

【事件经过】

客户来电反映，2017 年 6 月 26 日 14 时左右前往营业厅办理农田灌溉用卡，工作人员告知已下班，下午两点半以后再来；6 月 27 日客户再次前往营业厅，工作人员再次告知已下班，下午两点以后上班，客户表示非常不满。

【调查结果】

客户反映情况属实，因工作人员擅自离岗造成客户业务不能正常办理，引发投诉。

【违规条款】

违反《国家电网员工服务行为“十个不准”》第八条：“不准营业窗口擅自离岗或做与工作无关的事。”

【暴露问题】

（1）营业厅工作人员责任心不强，服务意识欠缺，履职不当，擅自离岗。

（2）营业厅主管管理不到位，对于工作人员擅自离岗

情况未及时发现，未采取补救措施。

【考核处理】

根据《国网河南省电力公司供电服务“零容忍”考核实施意见》，对相关责任人做出以下考核处理：

（1）对主要责任人经济处罚 3000 元，待岗 3 个月，并取消年度评先、晋升资格。

（2）对责任班组长经济处罚 2000 元，并调整岗位，同时取消年度评先、晋升资格。

（3）对责任部门分管负责人经济处罚 1000 元。

【规避投诉的要点】

（1）加强营业厅工作巡视，发现供电服务问题及时采取补救措施，避免引发投诉。

（2）加强营业厅上岗管理。营业厅营业前半小时，营业厅主管应召开班前会，强调业务办理程序和服务流程，对于擅自离岗行为严格考核。

案例 57　营业时间不营业，私事离岗不应当

【事件经过】

客户来电反映，2017 年 6 月 16 日 14 时 30 分、6 月 19 日 15 时 42 分两次到当地中心营业厅办理新装业务，均无人营业。客户表示非常不满。

【调查结果】

客户反映情况属实。工作人员因私事存在工作时间不在岗的情况。

【违规条款】

（1）违反《国家电网公司员工服务行为“十个不准”》第八条：“不准营业窗口擅自离岗或做与工作无关的事。”

（2）违反《国家电网公司供电服务规范》第三章第十一条第一款：“营业人员必须准点上岗，做好营业前的各项准备工作。”

【暴露问题】

（1）基层营业厅管理不到位，未严格按照对外公示的

营业时间营业。

（2）基层工作人员规章制度执行不严，服务意识、工作态度、工作责任心亟待提升。

【考核处理】

根据《国家电网公司供电服务奖惩规定》，对相关责任人做出以下考核处理：

（1）主要责任人经济处罚3000元，待岗3个月，同时取消年度评先、晋升资格。

（2）对次要责任人市场及大客户服务室主任经济处罚2000元。

（3）对营销部分管主任经济处罚1000元。

【规避投诉的要点】

（1）加强营业厅关键时间点监控，针对问题突出营业厅重点关注，发现供电服务问题及时提醒纠正，避免引发投诉。

（2）加强营业厅上岗管理。营业厅营业前半小时，营业厅主管应召开班前会，强调业务办理程序和服务流程。

（3）进一步规范营业厅服务行为，定期开展营业厅视频纠错活动，严格考核窗口服务不规范行为，有效提升服务规范度。

案例 58　改类业务不及时，违背承诺遭投诉

【事件经过】

2017 年 2 月 11 日客户来电反映，3 个月之前向当地供电所营业厅申请改类业务，工作人员承诺会帮助其处理，但至今仍未处理，造成电价一直执行错误，客户表示非常不满。

【调查结果】

客户反映情况均属实，2016 年 10 月到当地营业厅办理改类申请，将一般工商业及其他用电更改为居民生活用电。由于工作人员失误改类流程未走完，造成客户至今仍为一般工商业及其他用电且未及时发现，引发投诉。

【违规条款】

违反《国家电网公司供电服务规范》第二章第四条第五款："熟知本岗位的业务知识和相关技能，岗位操作规范、熟练，具有合格的专业技术水平。"

【暴露问题】

（1）营业厅人员为客户办理业务时，责任心不强、服

务意识欠缺，未兑现对客户的承诺，尽快解决客户问题。

（2）供电服务过程监督管理不到位，未能及时发现工作中的问题，未能对客户反映的问题做到及时、有效、准确地解决。

【考核处理】

根据《国家电网公司供电服务奖惩规定》对相关责任人做出以下考核处理：

（1）对责任人经济处罚1000元，并通报批评。

（2）对供电所所长经济处罚500元，并通报批评。

【规避投诉要点】

承诺客户的事情一定要按时兑现，避免投诉；同时建议开展典型案例培训，列举承诺未兑现引发投诉具体事件，进行风险防范。

案例 59 客户交费拒发票，客户不满惹投诉

【事件经过】

客户来电反映，到营业厅交费时，工作人员拒绝提供普通发票，告知客户“电价 5 毛多的不能开发票，必须电价 7 毛的才能开，还要提供纳税人识别码和营业执照”。客户表示不满。

【调查结果】

客户反映情况属实。客户交费后因收费人员对开发票业务不熟悉，导致客户索要电费发票时，工作人员未及时提供，造成客户投诉。

【违反条款】

（1）违反《国家电网公司供电服务规范》第二十五条：“进行有偿服务工作时，应向客户逐一列出收费项目、收费标准、消耗材料、单价等清单，并经客户确认、签字、付费后，应开具正式发票。”

（2）违反《国家电网公司供电服务规范》第二章第四

条第二款："真心实意为客户着想，尽量满足客户的合理需求。对客户的咨询、投诉等不推诿、不拒绝、不搪塞，及时、耐心、准确地给予解答。"

（3）违反《国家电网公司供电服务规范》第二章第四条第五款："熟知本岗位的业务知识和相关技能，岗位操作规范、熟练，具有合格的专业技术水平。"

【暴露问题】

（1）工作人员违反供电服务规范、业务能力欠缺，办理业务后没有按正常业务办理要求给客户开具发票。

（2）供电所日常管理存在疏漏，对员工服务行为监督不力，对员工业务技能培训欠缺、缺乏考核力度，引发客户投诉。

（3）工作人员责任心不强，工作中未做到真心实意为客户着想，未将客户需求放在首要位置，推诿、拒绝客户。

【考核处理】

根据《国家电网公司供电服务奖惩规定》对相关责任人做出以下考核处理：

（1）对责任人经济处罚1000元，并通报批评。

（2）对供电所所长经济处罚500元，并通报批评。

【规避投诉要点】

针对电费发票发放环节，应制定具体操作流程，增加有效的监督管控措施，客户交费后根据客户需求及时开具相应的电费发票，减少投诉事件的发生。

案例 60　光伏报装拒受理，客户不满意投诉

【事件经过】

客户来电反映，到供电所营业厅申请光伏发电业务，该营业厅工作人员告知客户只能在每个月 8 日才能申请且需要客户将申请材料交给供电所所长。

【调查结果】

经调查，客户反映情况属实。该用户为光伏销售商，24 日到营业厅申请光伏报装，供电所以月底影响指标考核为由，未及时办理引发投诉。

【违规条款】

（1）违反《国家电网公司供电服务规范》第二章第四条第五款："熟知本岗位的业务知识和相关技能，岗位操作规范、熟练，具有合格的专业技术水平。"

（2）违反《国家电网公司供电服务规范》第二章第四条第二款："真心实意为客户着想，尽量满足客户的合理要求。对客户的咨询、投诉等不推诿、不拒绝、不搪塞，及时、耐心、准确地给予解答。"

【暴露问题】

（1）营业厅人员服务风险意识差，对公司内部的相关要求断章取义。

（2）营业厅人员敏感意识差，推诿客户的业务申请，未按照规定办理。

【考核处理】

按照《国家电网公司供电服务奖惩规定》，对相关责任人做出以下考核处理：

（1）对主要责任人经济处罚 1000 元，全公司通报批评。

（2）对营业厅主管经济处罚 500 元，全公司通报批评。

【规避投诉要点】

（1）认真学习业扩报装的相关工作流程，确保清楚、熟悉、明白，尤其是光伏发电等新型业务。

（2）营业厅人员应严格按照业扩报装工作规定受理客户业务申请，及时将相关信息录入营销业务系统。

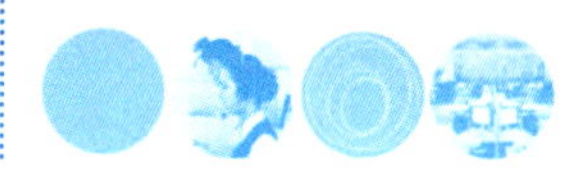

案例61 业务技能应熟练，服务意识要提升

【事件经过】

客户来电反映，拨打供电营业厅电话咨询用电量异常问题，工作人员态度恶劣，告知客户“今天不是我的班”，业务不精通，挂断客户电话，客户之后再拨打不接听。

【调查结果】

经调查，客户反映情况属实。工作人员因对业务不熟悉，无法解答客户问题，便告知客户“今天不是我的班”，态度有些急躁，说话声音较大。

【违规条款】

（1）违反《国家电网公司供电服务规范》第二章第四条第五款：“熟知本岗位的业务知识和相关技能，岗位操作规范、熟练，具有合格的专业技术水平。”

（2）违反《国家电网公司供电服务规范》第二章第四条第二款：“真心实意为客户着想，尽量满足客户的合理要求。对客户的咨询、投诉等不推诿、不拒绝、不搪塞，及时、耐心、准确地给予解答。”

【暴露问题】

（1）工作人员服务意识薄弱，缺乏基本的业务技能。

（2）供电所日常管理存在疏漏，对员工服务行为监督不力。

【考核处理】

按照《国家电网公司供电服务奖惩规定》，对相关责任人做出以下考核处理：

（1）对主要责任人经济处罚1000元，通报批评。

（2）对责任班组长经济处罚500元，通报批评。

【规避投诉要点】

工作现场要保持和客户良好的沟通，遇到暂时不能解决的问题，应积极与客户沟通解释，并约定解决时间。

案例62　业务流程应熟知，考核监督要加强

【事件经过】

客户到供电营业厅办理销户退费业务，工作人员告知客户可以销户但不能退费，客户表示非常不满。

【调查结果】

经调查，客户反映情况属实。客户到当地营业厅办理销户退费业务时营业员业务不熟练，告知客户可以销户，但不能退费，造成客户投诉。

【违规条款】

（1）违反《国家电网公司供电服务规范》第二章第四条第五款："熟知本岗位的业务知识和相关技能，岗位操作规范、熟练，具有合格的专业技术水平。"

（2）违反《国家电网公司供电服务规范》第二章第四条第二款："真心实意为客户着想，尽量满足客户的合理要求。对客户的咨询、投诉等不推诿、不拒绝、不搪塞，及时、耐心、准确地给予解答。"

【暴露问题】

（1）供电所营业员业务不精，对营业厅基本业务办理流程和受理要求不清楚，影响电力企业窗口服务形象。

（2）供电所对营业员的日常管理存在纰漏，服务行为监督不力，业务能力没有相应的考核监督体系，没有及时发现员工在日常工作中的违规情况。

【考核处理】

按照《国家电网公司供电服务奖惩规定》，对相关责任人做出以下考核处理：

（1）对主要责任人经济处罚 1000 元，通报批评。

（2）对责任班组长经济处罚 500 元，通报批评。

【规避投诉要点】

营业厅人员应认真学习营销相关业务办理工作流程，确保清楚、熟悉、明白，严格按照工作规定办理客户用电业务。

案例 63　打印不能嫌麻烦，服务意识需提升

【事件经过】

客户来电反映，到供电营业厅打印电费清单，在客户强烈要求的情况下，营业厅人员才打印且打印的电费清单信息不详细。

【调查结果】

经调查，客户反映情况属实。客户需要把电能表示数、电量、电费、应缴金额、实缴金额打印出来，但受限于当前系统功能，不能同时打印在一张清单上，只能通过打印三张清单来满足客户的要求。因当时营业厅还有其他缴费客户，工作人员就让客户到二楼的办公室进行打印，恰好二楼的打印机损坏无法打印，工作人员告知客户用手机照下来，造成客户投诉。

【违规条款】

（1）违反《国家电网公司供电服务规范》第二章第四条第五款："熟知本岗位的业务知识和相关技能，岗位操作规范、熟练，具有合格的专业技术水平。"

（2）违反《国家电网公司供电服务规范》第二章第四条第二款："真心实意为客户着想，尽量满足客户的合理要求。对客户的咨询、投诉等不推诿、不拒绝、不搪塞，及时、耐心、准确地给予解答。"

【暴露问题】

（1）营业厅工作人员服务意识淡薄，没有做到真心实意为客户着想，尽力去解决客户反映的问题。

（2）工作人员对规章制度执行不严、学习掌握不彻底，未使服务规范、工作标准和员工行为规范落到实处。

【考核处理】

按照《国家电网公司供电服务奖惩规定》，对相关责任人做出以下考核处理：

（1）对主要责任人经济处罚1000元，通报批评。

（2）对责任班组长经济处罚500元，通报批评。

【规避投诉要点】

基层人员应提高服务意识，要按照相关规定满足客户需求，当客户诉求不能满足时，要耐心解释，争取客户的理解。

案例 64　补开发票现矛盾，核实数据解纠纷

【事件经过】

客户来电反映，到供电营业厅缴纳 200 元电费，由于当时没有发票，工作人员手写 100 元凭据交给客户，当时客户没有核实清楚就离开了。之后再次到营业厅要求补开 200 元电费发票，工作人员告知只能按照手写收据凭据开具发票。

【调查结果】

经调查，客户反映的情况属实。工作人员当时大厅缴费人员众多，工作疏忽，造成手写凭据与缴费金额不一致。后期客户补开发票，工作人员未核对客户实际缴费金额，擅自答复客户按照手写凭据金额开具发票引发客户投诉。

【违规条款】

违反《国家电网公司供电服务规范》第二章第四条第五款："熟知本岗位的业务知识和相关技能，岗位操作规范、熟练，具有合格的专业技术水平。"

【暴露问题】

工作人员服务意识差，工作不认真、不细致，发生业务能力内解决不了的问题未及时上报业务主管。

【考核处理】

按照《国家电网公司供电服务奖惩规定》，对相关责任人做出以下考核处理：

（1）对主要责任人经济处罚 1000 元，通报批评。

（2）对责任班组长经济处罚 500 元，通报批评。

【规避投诉要点】

基层人员应提高服务意识，要按照相关规定满足客户需求，当客户诉求不能满足时，要耐心解释，争取客户的理解。

案例 65 打印清单遭拒绝，服务违规被投诉

【事件经过】

客户来电反映，当日到营业厅打印电费清单时，工作人员以“春节结账”为由拒绝为客户打印。

【调查结果】

经调查，客户反映情况属实。客户到营业厅缴纳电费后，要求打印电费清单，工作人员以“春节结账”为由拒绝为客户打印。

【违规条款】

（1）违反《国家电网公司员工服务行为“十个不准”》第五条：“不准违反首问负责制，推诿、搪塞、怠慢客户。”

（2）违反《国家电网公司供电客户服务提供标准》4.1.2 规定：供电营业厅应提供电费及各类营业费用的收取和账单服务。

（3）违反《国家电网公司供电服务规范》第二章第四条第二款：“真心实意为客户着想，尽量满足客户的合理要求。对客户的咨询、投诉等不推诿、不拒绝、不搪塞，及时、耐心、准确地给予解答。”

【暴露问题】

（1）营业厅人员对待工作未尽职尽责，未按工作要求服务客户，服务意识淡薄。

（2）营业厅日常管理存在疏漏，对员工服务行为监督不力，给供电企业公平、诚信的形象造成不良影响。

【考核处理】

按照《国家电网公司供电服务奖惩规定》，对相关责任人做出以下考核处理：

（1）对主要责任人通报批评，经济处罚 1000 元。

（2）对责任班组长通报批评，经济处罚 500 元。

【规避投诉要点】

（1）提高营业厅人员的服务意识，改进工作作风，提升服务质量。

（2）加强管理人员监督管理力度，提升营业厅窗口人员服务素质。

案例66　开具发票不规范，解释清楚最重要

【事件经过】

客户反映2018年3月去营业厅开发票，营业厅告知客户下个月来开，2018年4月10日客户再次去营业厅开发票，被告知过几天再来开，最近两日去营业厅仍然没有发票，造成用户重复往返。

【调查结果】

经调查，客户反映情况属实。客户需要开具增值税发票，工作人员没有向客户解释清楚不能开具发票原因，未切实履行一次性告知，造成客户重复往返。

【违规条款】

（1）违反《国家电网公司供电服务规范》第二章第四条第二款："真心实意为客户着想，尽量满足客户的合理要求。"

（2）违反《国家电网员工服务行为"十个不准"》第五条："不准违反首问负责制，推诿、搪塞、怠慢客户。"

【暴露问题】

(1) 工作人员工作责任心不强，未把情况向客户做出具体详细解释，未切实履行“首问负责制”。

(2) 营业厅日常管理存在疏漏，对员工服务行为监督不力。

【考核处理】

根据《国网河南省电力公司供电服务“零容忍”考核要求》，对相关责任人做出以下考核处理：

(1) 对主要责任人经济处罚3000元，取消年度评先、晋升资格。

(2) 对供电所长经济处罚2000元。

(3) 对责任部门分管负责人经济处罚1000元。

(4) 对责任部门负责人经济处罚1000元；

【规避投诉要点】

(1) 健全“首问负责制”机制，制定首问负责制工作记录本，要求各营业厅、供电所、供电服务指挥中心人员及时记录客户诉求，及时转办、处理、回访，设专人负责首问负责制工作完成情况，并纳入公司行风服务稽查工作范围。

(2) 有效监督工作人员服务水平，提高营业厅等窗口单位服务形象。

案例 67　业务技能应熟练，服务意识要提高

【事件经过】

客户来电反映，到营业厅办理农田灌溉卡损坏补卡业务时，营业厅人员告知无法补办，“没办法将损坏电卡里的钱转入到新卡中”，经系统查询可办理该项业务。

【调查结果】

经调查，客户反映情况属实。由于营业厅工作人员业务不熟悉，未按业务流程及时为客户办理补卡业务。

【暴露问题】

（1）营业厅工作人员业务不熟练，优质服务意识淡薄。

（2）管理部门对于营业业务宣贯不到位，未开展相关的培训工作。

【考核处理】

按照《国家电网公司供电服务奖惩规定》，对相关责任人做出以下考核处理：

（1）对主要责任人予以通报批评，经济处罚 1000 元。

（2）对责任班组长以通报批评，经济处罚500元。

【规避投诉要点】

加大窗口服务人员培训考核力度，提高服务敏感意识，加强与客户沟通，了解客户真正意图，避免此类投诉再次发生。

案例 68　首问负责未执行，推诿搪塞不应该

【事件经过】

客户来电反映，当日下午到营业厅查询户号时，工作人员答复无法查询，让其找管片电工，并且该名工作人员一直在玩手机。

【调查结果】

客户反映情况属实，客户到营业厅查询户号，工作人员在未询问客户任何信息的情况下，直接答复客户无法查询且该名工作人员一直玩手机，引发投诉。

【暴露问题】

（1）违反《国家电网员工服务行为“十个不准”》第五条：“不准违反首问负责制，推诿、搪塞、怠慢客户。”

（2）违反《国家电网公司供电服务规范》第二章第四条第二款：“真心实意为客户着想，尽量满足客户的合理要求。对客户的咨询、投诉等不推诿、不拒绝、不搪塞，及时、耐心、准确地给予解答。”

（3）违反《国家电网员工服务行为“十个不准”》第

八条：“不准营业窗口擅自离岗或做与工作无关的事情。”

【考核处理】

按照《国家电网公司供电服务奖惩规定》，对相关责任人做出以下考核处理：

（1）对主要责任人经济处罚1000元，通报批评。

（2）对供电所长经济处罚600元，通报批评，并取消年度评先资格。

【规避投诉要点】

（1）增加营业厅人员培训频次，认知到服务窗口的重要性，严格落实“首问负责制”。

（2）加强营业厅工作人员责任意识，提升服务，端正态度，杜绝类似情况的发生。

（3）加强营业厅管理，切实提升营业人员主人翁意识，面对客户应耐心、细心，把问题落实、解决在基层。

案例 69　装表接电违承诺，内外沟通更重要

【事件经过】

客户反映多次到营业厅申请办理居民新装业务，营业厅均以无表为由造成客户多次往返，已超出规定时限。

【调查结果】

经调查，客户反映情况属实。由于新装用户较多，与相关部门沟通不及时，造成计量中心配表环节滞留，超出规定时限。

【违规条款】

（1）违反《国家电网公司供电服务“十项承诺”》第六条的规定：“装表接电期限：受电工程检验合格并办结相关手续后，居民客户 3 个工作日内送电，非居民客户 5 个工作日内送电。”

（2）违反《国家电网员工服务行为“十个不准”》第四条：“不准违反业务办理告知要求，造成客户重复往返。”

【暴露问题】

（1）业扩报装流程环节时限监控不到位。

（2）装表人员责任心不强，服务意识淡薄，未能按承诺时限完成装表工作。

【考核处理】

根据《国网河南省电力公司供电服务“零容忍”考核要求》，对相关责任人做出以下考核处理：

（1）对主要责任人经济处罚 3000 元，待岗 3 个月，取消年度评先、晋升资格。

（2）对供电所长经济处罚 2000 元。

（3）对责任部门分管负责人经济处罚 1000 元。

（4）对责任部门负责人经济处罚 1000 元。

【规避投诉要点】

（1）供电服务指挥中心对业扩报装流程各环节时限实行 7 ×24 小时监控预警。

（2）增强工作人员责任心，提高服务意识，按时完成装表工作。

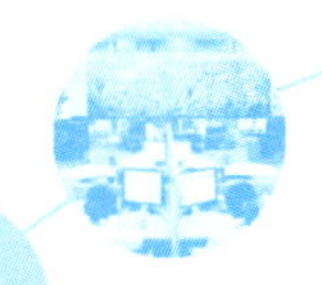

第三章
停送电类投诉

第一节 抢修服务

案例 70 停电抢修态度差，惹恼客户毁形象

【事件经过】

客户来电反映，拨打 95598 反映多户无电问题后，供电公司工作人员对客户服务态度恶劣，客户表示不满。

【调查结果】

客户投诉属实。客户报修后，工作人员到达现场后责怪客户："谁打 95598 了？这里没有电工了你拨打 95598？"服务态度差造成客户投诉。

【违规条款】

违反《国家电网公司供电服务规范》第二章第四条第二款："真心实意为客户着想，尽量满足客户的合理要求。对客户的咨询、投诉等不推诿、不拒绝、不搪塞，及时、耐心、准确地给予解答。"

【暴露问题】

抢修人员服务意识淡薄，责任心不强，沟通能力欠缺，言行随意引起客户不满，造成投诉事件的发生，影响了供电企业的形象。

【考核处理】

按照《国家电网公司供电服务奖惩规定》处理决定如下：

（1）对主要责任人予以经济处罚2000元，待岗3个月，并通报批评。

（2）对次要责任人予以通报批评，经济处罚2000元。

【规避投诉要点】

开展抢修服务行为规范培训，提高抢修人员沟通协调能力和优质服务水平，降低客户投诉率。

案例 71 态度蛮横毁形象，惹怒客户遭投诉

【事件经过】

客户来电反映，当日报修一户无电后，下午工作人员电话联系客户，告知“你不投诉我吗，我就不给你修了，你能咋着，我在吃饭喝酒”，客户表示不满。

【调查结果】

客户投诉属实。客户致电工作人员报修时，其正在吃饭，沟通过程中言语不当，造成投诉。

【违规条款】

违反《国家电网公司供电服务规范》第二章第四条第二款：“真心实意为客户着想，尽量满足客户的合理需求。对客户的咨询、投诉等不推诿、不拒绝、不搪塞，及时、耐心、准确地给予解答。”

【暴露问题】

(1) 工作人员服务意识欠缺，没有做到真心实意为客户着想，尽力去解决客户反映问题，言行随意。

（2）抢修人员的沟通技巧欠缺，未做到“急客户之所急”，安抚客户焦虑及不满的情绪，并且态度恶劣，引起客户不满，造成客户投诉。

【考核处理】

根据《国网河南省电力公司供电服务“零容忍”考核实施意见》处理决定如下：

（1）对责任人经济处罚3000元，待岗3个月，并取消年度评先、晋升资格，在全公司范围内通报批评。

（2）对责任班组长经济处罚2000元，调整岗位，同时取消年度评先、晋升资格。

【规避投诉要点】

（1）抢修人员应提高服务风险防范意识，加强优质服务培训力度，提高抢修人员沟通协调能力和优质服务水平，降低客户投诉率。

（2）加强抢修人员职业素养及业务技能培训，提高员工素质，提升优质服务水平。

案例 72　供电抢修超时限，工作懈怠惹投诉

【事件经过】

2017 年 10 月 27 日客户来电反映，2017 年 10 月 26 日 18 时 27 分拨打 95598 报修后，至今无抢修人员与其联系，也未到达现场，存在超出承诺时限 90 分钟的情况，客户表示非常不满。

【调查结果】

经核查，客户反映情况属实。客户拨打电话报修后，抢修人员工作懈怠，一直未与客户联系、也未到达抢修现场，引发投诉。

【违规条款】

违反《国家电网公司供电服务“十项承诺”》第二条：“提供 24 小时电力故障报修服务，供电抢修人员到达现场的时间一般不超过：城区范围 45 分钟，农村地区 90 分钟，特殊边远地区 2 小时。”

【暴露问题】

（1）工作人员责任心不强、服务意识淡薄，未严格执

行供电服务“十项承诺”，到达现场超时限。

（2）供电服务指挥中心对工单督办不利，未及时对抢修工单进行跟踪督办。

【考核处理】

根据《国网河南省电力公司供电服务“零容忍”考核实施意见》，对相关责任人做出以下考核处理：

（1）对主要责任人经济处罚3000元，待岗6个月，同时取消年度评先、晋升资格。

（2）对供电所所长经济处罚2000元，同时取消年度评先、晋升资格。

（3）对营销部主任经济处罚1000元。

【规避投诉要点】

应重点加强员工队伍业务技能培训，加快抢修速度，提升抢修质量；同时，供电服务指挥中心工作人员应加强抢修业务工单跟踪、督办，保证故障及时处理。

案例73 言行随意惹投诉，言行规范最重要

【事件经过】

客户来电反映，当日报修后，抢修人员到达现场威胁客户“如果你再打95598，我就给你停电”，客户表示非常不满。

【调查结果】

经核查，客户反映情况属实。抢修人员到达现场故障处理完毕，离开时抱怨客户“如果你再打95598，我就给你停电”，引发客户投诉。

【违规条款】

违反《国家电网公司供电服务规范》第二章第四条第二款：“真心实意为客户着想，尽量满足客户的合理要求。对客户的咨询、投诉等不推诿、不拒绝、不搪塞，及时、耐心、准确地给予解答。”

【暴露问题】

(1）工作人员服务意识淡薄，言行不规范、过于随意

引发客户不满，未真正做到优质服务。

（2）规章制度执行不严，监管不到位，未真正使服务规范和员工行为规范落到实处。

【考核处理】

根据《国网河南省电力公司供电服务“零容忍”考核实施意见》，对相关责任人做出以下考核处理：

（1）对主要责任人经济处罚 3000 元，取消评先资格，全公司通报批评。

（2）对责任班组长经济处罚 2000 元，全公司通报批评。

【规避投诉要点】

提高抢修人员服务风险防范意识及工作敏感性，规范言行举止，避免因说话随意引起客户不满。

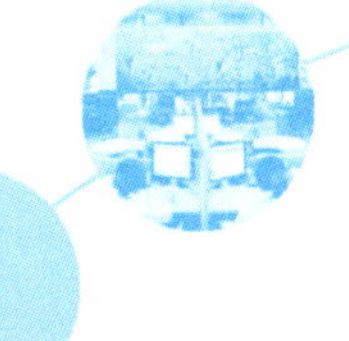

第四章 电网建设类投诉

第一节 电力施工

案例 74 电力施工未设警，致人掉坑遭投诉

【事件经过】

客户来电反映，当地进行农网改造施工时在地面挖了深坑，未埋设电线杆，也未摆放警示牌，导致客户孩子路过此处时掉进深坑内，受到惊吓并受伤，客户表示非常不满。

【调查结果】

客户反映情况属实，造成该情况的原因是施工过程中，施工人员在电杆基坑未挖好时，离开工作现场去吃饭，未设置安全警示标识及围栏，导致客户孩子掉进坑内，受到惊吓并受伤。工作人员已与客户联系解释，由施工队负责人赔付客户 300 元医疗费，客户表示满意。

【违规条款】

（1）违反《国家电网公司供电服务规范》第五章第十

七条第七款："在公共场所施工应有安全措施，悬挂施工单位标志、安全标志，并配有礼貌用语。在道路两旁施工时，应在恰当位置摆放醒目的告示牌。"

（2）违反《国家电网公司供电服务规范》第二章第四条第二款："真心实意为客户着想，尽量满足客户的合理需求。对客户的咨询、投诉等不推诿、不拒绝、不搪塞，及时、耐心、准确地给予解答。"

【暴露问题】

（1）供电公司对施工单位管控不到位，未对施工现场进行严格监督，未及时发现施工过程中的安全隐患，及时妥善处理。

（2）施工人员安全意识淡薄，责任风险防范意识差，未严格遵守施工人员服务规范，造成客户人身受到伤害，引发客户投诉。

【考核处理】

根据《国家电网公司供电服务奖惩规定》，对主要责任人做出以下考核处理：

（1）对责任人经济处罚 1000 元。

（2）对责任班长经济处罚 500 元。

（3）对责任部门负责人经济处罚 300 元。

【规避投诉要点】

（1）安排专人对施工现场进行监督服务，做好施工现场安全措施。施工前宣传施工时间，及时公示施工进度，在影响客户出行及废弃物未清理地方摆放告示牌。

（2）加大对施工队伍的管控力度，对出现服务投诉的施工队伍实施积分管理和黑名单制度。

案例 75　施工不当未处理，客户不满惹投诉

【事件经过】

客户来电反映，工作人员配网改造施工时将此处自来水管挖断且未及时维修，导致其所在地区大面积停水，客户表示非常不满。

【调查结果】

客户反映情况属实，配网改造时施工人员不慎损坏自来水管道且未能及时维修及做相关处理，导致客户处断水，引发投诉。现工作人员已联系自来水公司维修人员，将破损的管道给予维修，客户表示满意。

【违规条款】

违反《国家电网公司供电服务规范》第五章第十六条第六款："如在工作中损坏原有设施，应尽量恢复原状或等价赔偿。"

【暴露问题】

施工人员服务意识欠缺，没有站在客户立场考虑问题，面对工作中的失误，未及时与客户沟通解释并处理问题，导致客户利益受损引起投诉。

【考核处理】

根据《国家电网公司供电服务奖惩规定》对相关责任人做出以下考核处理：

（1）对安装公司施工班班长经济处罚1000元，并通报批评。

（2）对安装公司经理经济处罚500元，并通报批评。

【规避投诉要点】

（1）安排专人对施工现场进行监督服务，施工过程中给客户造成损失时，应及时采取措施进行补救，并做好施工现场客户的沟通解释工作。

（2）施工过程中一旦给客户造成损失，应及时与客户沟通赔偿事宜，按照投诉派发规则，客户对赔偿金额不认可派发意见。

案例 76　施工破坏自留地，无人赔偿被投诉

【事件经过】

客户来电反映，供电公司在客户家田地施工，致使其田地损坏无人赔偿。

【调查结果】

经调查，客户反映情况属实。工程中一根拉线栽在客户花生地里，现根据赔偿标准向客户赔付 30 元占地费及 50 元误工费，共计 80 元。

【违规条款】

违反《国家电网公司供电服务规范》第十七条第八款："如在工作中损坏了客户原有设施，应尽量恢复原状或等价赔偿。"

【暴露问题】

（1）施工队工作人员投诉风险防范意识不强，施工前期宣传告示不到位，施工前未详细了解所占土地的所有权调研，施工前未张榜公示施工日期、线路走向等客户需知情了解的内容，匆匆施工后未对踩踏地进行恢复，引发客户投诉，给供电企业造成不良影响。

（2）电网建设施工缺乏必要的监管，线路、设计、施工流程亟待规范。

【考核处理】

按照《国家电网公司供电服务奖惩规定》，对相关责任人做出以下考核处理：

（1）对主要责任人经济处罚2000元，并通报批评。

（2）对责任班组长经济处罚1000元，并通报批评。

（3）对配网办主任通报批评。

【规避投诉要点】

（1）规范电网建设的流程规范，从合同承包书中明确责任，对其进行约束，杜绝野蛮、随意施工。

（2）加强环节监督，工程监理随时巡视，发现问题及时通报，限期整改。

（3）规范施工档案，建立赔偿台账并归档，赔偿清单请客户进行签字确认。

（4）制作电网建设施工专题案例课件，重点对施工单位进行培训警示。

第二节 农网改造

案例 77 农网改造乱收费，情节严重遭投诉

【事件经过】

客户来电反映，在农网改造时，电工向每户村民收取 150 元入户线改造费，客户表示非常不满。

【调查结果】

客户反映情况属实，因该村入户线使用时间长、线路老化，电工私自收取该村每户 150 元费用，用于入户线改造，现已将违规收取的费用退还村民。

【违规条款】

（1）违反《国家电网公司供电服务规范》第五条第四款："严格执行国家规定的电费电价政策及业务收费标准，严禁利用各种方式和手段变相扩大收费范围或提高收费标准。"

（2）违反了《国家电网公司员工服务行为"十个不准"》第二条："不准违反政府部门批准的收费项目和收费

标准向客户收费。”

【暴露问题】

（1）农电工服务意识不强，规章制度执行不严，违反国家规定标准私自收取费用，损害了供电企业公平、公正、公信的形象。

（2）基层供电所管理存在疏漏，对农电工收费行为监督不力，未及时发现该电工的违规行为。

【考核处理】

根据《国网河南省电力公司供电服务“零容忍”考核实施意见》，对相关责任人做出以下考核处理：

（1）对主要责任人经济处罚3000元，待岗3个月，并通报批评。

（2）对责任班组长经济处罚2000元，并通报批评。

（3）对责任部门分管负责人和负责人经济处罚2000元，并通报批评。

【规避投诉要点】

（1）针对乱收费问题，定期开展排查，加大明察暗访力度，发现问题及时处理，避免客户不满情绪升级造成投诉。

（2）加大对供电所人员及农电工的培训教育，提高员工的优质服务意识及服务水平，提升农电工队伍的整体素质，避免此类事件再次发生。

第五章 供电质量类投诉

案例 78　故障停电太频繁，长期未决惹投诉

【事件经过】

客户来电反映，两个月内出现 23 次停电，严重影响居民正常生产生活，客户对此表示不满。

【调查结果】

客户反映情况属实。低压故障停电 20 次，配网改造施工停电 3 次。已采取加大对客户所在台区及设备的巡视检查力度，发现隐患立即排除，合理安排配网改造时间，确保居民正常用电的措施，解决客户问题。

【违规条款】

违反《国家电网公司供电服务规范》第二章第七条第二款："减少因供电设备计划检修和电力系统事故对客户的停电次数及每次停电的持续时间。"

【暴露问题】

（1）台区公用变压器巡视维护、消缺、隐患排查治理均不到位，在发生故障后，仍未消除隐患，造成频繁停电。

（2）相关部门对停电事件缺乏服务意识及工作敏感性，未及时解决处理问题，造成投诉事件发生。

【考核处理】

根据《关于加强运检专业投诉属实工单审核力度的通知》，经运维部门研究，对相关责任人做出以下考核处理：

（1）对主要责任人经济处罚 3000 元。

（2）对责任班组经济处罚 2000 元。

（3）对责任部门运维检修部经济处罚 1000 元，并对相关人员进行教育培训。

【规避投诉要点】

（1）对于频繁停电高发区域加强线路设备检修维护或优先列入改造计划，提高供电可靠性。

（2）做好停电前告知及解释工作，避免客户不清楚停电情况拨打 95598 咨询，虽无投诉意愿，但符合派发投诉标准，进而引发投诉。

案例79 电网施工频停电，统筹计划减投诉

【事件经过】

客户来电反映，两个月内出现47次停电，严重影响居民正常生产生活，客户对此表示不满。

【调查结果】

客户反映情况属实。47次停电分别为：煤改电施工停电40次，配网改造停电3次，配合市政停电3次，线路跳闸停电1次。

【违规条款】

违反《国家电网公司供电服务规范》第二章第七条第二款："减少因供电设备计划检修和电力系统事故对客户的停电次数及每次停电的持续时间。"

【暴露问题】

（1）煤改电及配网改造施工未能科学排期，造成同一地点重复停电。

（2）相关单位、人员缺乏服务意识及投诉风险防范意

识，停电管理不到位，未进行停电次数预控，发生多次停电时未采取有效的补救措施。

【考核处理】

根据《国家电网公司供电服务奖惩规定》，对相关责任人做出以下考核处理：

（1）对主要责任人经济处罚1000元。

（2）对次要责任人经济处罚500元。

【规避投诉要点】

（1）采取昼停夜送集中施工的方式（按照投诉派发规则，昼停夜送算一次停电），在确保配网施工任务完成的情况下，统筹计划停电安排，避免引发投诉。

（2）配合市政建设停电一定要进行重要事项报备，并做好停电前告知及解释工作，避免客户不清楚停电情况拨打95598咨询，虽无投诉意愿，但符合派发投诉标准，进而引发投诉。

案例 80 配网改造停电多，合理安排减投诉

【事件经过】

2017 年 4 月 4 日客户来电反映，该地点从 2 月 4 日 ~4 月 4 日，出现 10 次以上停电，严重影响居民的正常生活生产，客户表示非常不满。

【调查结果】

经核查，客户反映情况属实，两个月实际停电共 17 次，其中配网改造施工停电 15 次，低压故障停电 2 次，已合理安排施工计划，及时录入停电信息，解决问题。

【违规条款】

违反《国家电网公司供电服务规范》第二章第七条第二款："减少因供电设备计划检修和电力系统事故对客户的停电次数及每次停电的持续时间。"

【暴露问题】

（1）配网改造施工停电随意，考虑不周全，两个月内

安排 15 次停电，严重影响了供电质量。

（2）配电运维管理不到位。该线路及事件中台区公用变压器巡视维护、消缺、隐患排查治理不到位。

（3）相关单位、人员缺乏服务意识及投诉风险防范意识，停电管理不到位，未进行停电次数预控，发生多次停电时未采取有效的补救措施。

【考核处理】

根据《国家电网公司供电服务奖惩规定》，对相关责任人做出以下考核处理：

（1）对主要责任人经济处罚 1000 元。

（2）对次要责任人经济处罚 500 元。

【规避投诉要点】

（1）采取昼停夜送集中施工的方式（按照投诉派发规则，昼停夜送算一次停电），在确保配网施工任务完成的情况下，统筹计划停电安排，避免引发投诉。

（2）合理安排计划停电时段，避开每天 8～11 时、18～21 时频繁停电投诉高峰，特别是晚上 20 时尖峰时段；对于停电次数已达到两个月两次的区域，计划停电安排时间推后，避免出现两个月 3 次停电。

（3）加强停电信息管理，因外力破坏、市政建设、客户自身原因等非供电公司责任引发的停电，应及时将停电信息传递至国网客服中心，避免派发投诉。

（4）梳理曾经发生过投诉的客户信息，建立敏感客户群，制定具体的投诉防范措施。